Facebook広告 運用ガイド

ダイレクトマーケティングに生かす
売上直結の活用術

岡弘和人 著

本書内容に関するお問い合わせについて

このたびは翔泳社の書籍をお買い上げいただき、誠にありがとうございます。弊社では、読者の皆様からのお問い合わせに適切に対応させていただくため、以下のガイドラインへのご協力をお願い致しております。下記項目をお読みいただき、手順に従ってお問い合わせください。

●ご質問される前に

弊社Webサイトの「正誤表」をご参照ください。これまでに判明した正誤や追加情報を掲載しています。

正誤表　http://www.shoeisha.co.jp/book/errata/

●ご質問方法

弊社Webサイトの「刊行物Q&A」をご利用ください。

刊行物Q&A　http://www.shoeisha.co.jp/book/qa/

インターネットをご利用でない場合は、FAXまたは郵便にて、下記"翔泳社 愛読者サービスセンター"までお問い合わせください。
電話でのご質問は、お受けしておりません。

●回答について

回答は、ご質問いただいた手段によってご返事申し上げます。ご質問の内容によっては、回答に数日ないしはそれ以上の期間を要する場合があります。

●ご質問に際してのご注意

本書の対象を越えるもの、記述個所を特定されないもの、また読者固有の環境に起因するご質問等にはお答えできませんので、予めご了承ください。

●郵便物送付先およびFAX番号

送付先住所　〒160-0006　東京都新宿区舟町5
FAX番号　03-5362-3818
宛先　　　（株）翔泳社 愛読者サービスセンター

※本書の内容は2015年11月時点の情報です。掲載の手順や画面、URL等は予告なく変更される場合があります。
※本書の出版にあたっては正確な記述につとめましたが、著者や出版社などのいずれも、本書の内容に対してなんらかの保証をするものではなく、内容やサンプルに基づくいかなる運用結果に関してもいっさいの責任を負いません。
※本書に掲載されているサンプルプログラムやスクリプト、および実行結果を記した画面イメージなどは、特定の設定に基づいた環境にて再現される一例です。
※本書に記載されている会社名、製品名はそれぞれ各社の商標および登録商標です。

はじめに

　2011年3月11日、東日本大震災が起きました。それとほぼ同時に、私たち「ココラブル」の活動もスタートしました。今でこそ、Facebook広告を使って顧客との接点を作ることはあたり前のように行われていますが、当時はFacebookで物が売れるなんてことは、考えられないというのが、常識でした。しかし私たちが初めてFacebookに広告を出した日、1時間も経たないうちに商品が売れたのです。このことは、今でも忘れることができない大切な思い出です。

　さて、本書でとりあげるFacebook広告ですが、広告を出すだけであれば、誰でも簡単に低予算からすぐに始めることができます。その一方で、広告を出してみたけど効果が出ないというご相談をこの4年間でたくさんいただきました。

　ご相談内容を深く聞かせていただくと、簡単に出せるが故に、押さえるべきポイントを押さえておらず、広告を出したという事実だけが残っているというのが正直な感想です。

　本書は、Facebook広告を使って顧客を増やしたいというニーズに対し、どのようにすれば費用対効果を上げられるかについて執筆しました。Facebookでは利用できるターゲットや配信方法、新しい広告のプロダクトなど、使い方次第で大きく結果が変わっていきます。広告を展開する上で、押さえておくべき考え方を本書でお伝えできればと思います。

　Facebook広告は奥が深く、知れば知るほど新しい考え方や施策と日々出会っています。今回は、その中でも基本となる考え方を少しでも多くの方に知っていただきたいという想いをまとめました。読者の皆様のマーケティング活動の一助になれば大変嬉しく思います。

2015年12月
岡弘 和人

はじめに ……………………………………………………………… 3

Chapter 1 Facebook広告の基本を知ろう

- 01 Facebook広告とは？ ……………………………………… 10
- 02 Facebook広告の特徴 ……………………………………… 13
- 03 Facebook広告の禁止事項 ………………………………… 16
- 04 Facebook広告を利用するには …………………………… 20
- 05 Facebook広告で出稿できる広告の種類 ………………… 25
- 06 Facebook広告とリスティング広告は何が違うのか？ …………………………………………… 29

Chapter 2 Facebook広告を出稿しよう

- 01 Facebook広告を作成する流れを確認しよう …………… 38
- 02 広告出稿の基本 ……………………………………………… 42
- 03 オーディエンスの設定を行おう …………………………… 48
- 04 広告の料金と掲載期間を設定しよう ……………………… 52
- 05 広告の素材を組み合わせて広告を作成しよう ………… 58

Chapter 3 効果的な広告出稿の考え方

- 01 広告効果が向上するポイントを押さえよう …………… 64
- 02 キャンペーンとその構造を理解しよう ………………… 70
- 03 広告マネージャでFacebook広告を管理しよう……… 74
- 04 関連度スコアを理解しよう ……………………………… 79

| 05 | ターゲティングは絞り込み過ぎると失敗する ………… | 84 |
| 06 | 「最適化配信」を理解しよう ………… | 88 |

Chapter 4 効果的な広告出稿の準備

01	A/Bテストを準備しよう …………	94
02	複数の広告素材を用意しよう …………	98
03	効果測定を見据えたキャンペーン構造を整えよう …………	102
04	コンバージョントラッキングを設置しよう …………	110
05	分析に必要な指標を準備しよう …………	116
06	すべての設定事項を「レポート」にまとめよう ……	123

Chapter 5 広告の効果を測定しよう

- 01 Facebook広告の効果測定はA/Bテストで行う ……… 128
- 02 画像と見出しの効果を指標から判別しよう……… 133
- 03 「性別」と「年齢」で
  ターゲティングの精度を高めよう ……… 139
- 04 レポートのデータをパソコンへ保存しよう ……… 143

Chapter 6 Facebook広告のさらに高度な機能を使いこなそう

- 01 コンバージョンに特化した
  最適化配信を実施しよう …………………………… 150
- 02 カルーセル広告を活用しよう ……………… 158
- 03 動画広告を活用しよう ……………… 161
- 04 時間帯指定配信で特定の時間帯を
  狙い撃ちしよう……………… 165

05 サイト訪問済みのユーザーの
Facebookに広告を表示させよう ……………………… 168

06 カスタムオーディエンスで
顧客リストを広告に活用しよう ……………………… 172

07 類似オーディエンスを活用してリーチを広げよう … 177

08 リーチフリークエンシーコントロールを
活用しよう ………………………………………………… 183

索引 ……………………………………………… 189
おわりに ………………………………………… 190

Chapter 1

Facebook広告の基本を知ろう

Chapter1 01 Facebook広告とは？

Facebookの画面には、友達やFacebookページ以外からの投稿が表示されているのをご存じでしょうか？ これは、広告主がお金を支払って出稿している「Facebook広告」という広告です。

✓ Facebook内だけで表示されるFacebook広告

　Facebook広告とは、世界最大規模のSNS（ソーシャル・ネットワーク・サービス）である「Facebook」のコミュニティ内で表示される広告のことです。Facebookでアカウントを作成したユーザーであれば、個人・法人を問わず誰でも利用できるうえ、日本国内に2500万人以上いるといわれるアクティブユーザーを対象に広告を表示できる、非常に効果の高い広告サービスです。予算に応じて臨機応変な広告出稿が可能なため、大企業はもちろん、中小企業や個人事業主、副業目的の方まで、幅広いユーザーから支持を得ています。

日本国内はもちろん、世界中のFacebookユーザーが目にしているFacebook広告。広告主として出稿するには、Facebookのアカウントを作成しておく必要があります。

☑ Facebookユーザーにさりげなく広告を表示できる

　Facebook広告は、Facebookのユーザーであれば誰もが目にする広告です。Facebookの各種アカウントには、ユーザーのアクティビティの基本画面となる「ニュースフィード」と呼ばれるページが用意されていますが、広告はこのニュースフィードの画面右にある広告エリアだけでなくニュースフィード上にも表示されます。アカウント主の友達から送られてきたフィードのように自然な形で広告を表示できるので、見る側は抵抗なく、広告を受け入れることも多くなります。

　ニュースフィード以外にも、Facebookサービス内のいろいろなページに広告は表示されますが、アカウントの持ち主以外は見ることができないニュースフィードそのものに表示される点は、Facebook広告の大きな強みであるといえます。

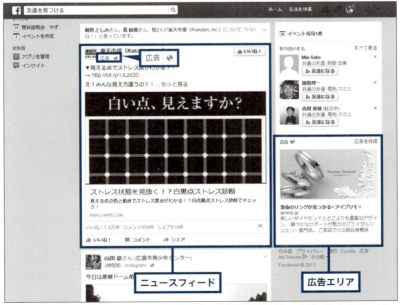

ニュースフィードの画面に表示されるFacebook広告です。友達の投稿のように、自然な形で、Facebookユーザーに表示されます。ページ内の広告エリアはもちろん、友達との情報共有の場であるタイムライン上にもFacebook広告は表示されます。

✅ スマートフォンへも表示できる

　Facebook広告は、スマートフォンのFacebookでも表示されます。スマートフォンのFacebookには広告エリアがなく、Facebookユーザーのタイムラインに投稿のような広告がダイレクトに表示されます。パソコンと同じく、まるで友達からの投稿のように自然な形で広告を表示できるので、訴求力は抜群です。スマートフォンへ広告表示するための特別な設定が一切不要である点も魅力といえます。

Facebook広告にはいろいろな種類がありますが、どの設定で広告を出稿しても、パソコン、スマートフォンへ掲載できます。

まとめ

- Facebook広告は、Facebookユーザーを対象に広告を表示する
- Facebookユーザーの友達から届いた投稿のように、自然な形で広告が表示される
- パソコンにもスマートフォンにも配信できる。スマートフォン向けの特別な設定は一切不要

Facebook広告の特徴

Facebook広告には、ウェブ上のビジネスに欠かせない特徴をいくつも備えています。ここでは、Facebook広告で手軽に高い効果を得ることができる理由を解説します。

☑ 個人情報をターゲティングに利用できる

　Facebook広告は「ターゲットの絞り込み」が非常に簡単です。これは、Facebookのユーザーがアカウントを利用する際に登録する「個人情報」を元に、広告を表示すべきユーザーを取捨選択できるからです。

　Facebookユーザーの中には、必要最低限の個人情報しか登録していないユーザーもたくさんいますが、「年齢」と「性別」だけは、必ず入力しておかなければFacebookのアカウントは利用できません。しかし、「年齢」と「性別」で行うターゲットの絞り込みは非常に効果的であり、これだけで充分なターゲティングが実施できるのです。

　「年齢」と「性別」によるターゲットの絞り込みは、Facebook広告ならではのメリットです。

Facebookの個人アカウントに入力されている「年齢」と「性別」の情報で、詳細にターゲットを絞り込めるのがFacebook広告の魅力です。もちろん、リスティング広告と同様に時間帯を選んでの広告配信も可能ですので、マスメディアなどの情報拡散から火がついた突発的な需要にもすぐに対応できます。

✅ 精密な効果測定が可能

　Facebook広告の効果を大きく左右する要素は「画像」と「コピー（見出し）」です。この2つの要素は、実際に広告を表示してみないとどれだけの効果が得られるのかわかりません。Facebook広告は、広告の出稿期間中、常に広告効果のチェックが可能であり、その効果に基づきながら広告の変更・追加が可能です。

広告を出稿しながら、ターゲットからどんな反応があったのか確認できます。それぞれの指標の数値から、広告に利用している画像と見出しの改善を行っていきます。

　どの広告が効果が高いのか、どう作り込めばより効果が高まるのか、効果測定とブラッシュアップを並行して行えるのは、Facebook広告の大きな強みであり、本書でも、この広告の効果測定と改善のテクニックを詳しく解説します。

✅ 効果の高い広告は「最適化配信」でさらに効果が高まる

　2015年11月現在、Facebook広告の出稿形態の中でもっとも効果が高いと注目されているのが「最適化配信」と呼ばれる広告配信です。これは、広告主が用意した広告を、もっともクリックする可能性が高いFacebookユーザー、あるいはもっともコンバージョンする可能性が高いFacebookユーザーへと配信してくれるシステムです。

　Facebook広告には、理解しておかなければならない重要なポイントがいくつかありますが（3章にて解説）、もっとも重要なのは、この「最

適化配信」の利用と、その使いこなしにあるといっても過言ではありません。

本書では、この最適化配信を効果的に利用するための「A/Bテスト」から、最適化配信をスタートさせるまでのノウハウを詳しく解説していきます。

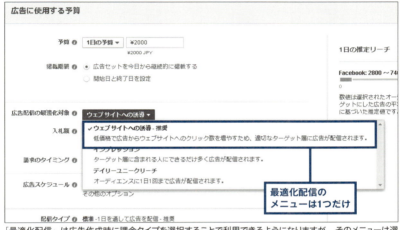

「最適化配信」は広告作成時に課金タイプを選択することで利用できるようになりますが、そのメニューは選択肢の中で1種類だけです。いきなり使用せず、本書を読み進めながら効率良く利用してください。

まとめ

- **Facebookのアクティブユーザーは国内に2500万人。すべて広告の表示対象となる**
- **Facebookユーザーのアカウントにある個人情報を元にターゲティングできる**
- **広告効果の測定が可能で、測定結果を元に随時広告をブラッシュアップしていける**

Chapter1 03 Facebook広告の禁止事項

本書では、Facebook広告の利用者がついうっかり忘れてしまう、非常に重要なルールについて解説します。

✓ 事前に必ずチェックすべき禁止事項がある

　Facebook広告を作成する前に必ず確認しておく必要があるのが禁止事項です。コストをかけて商品やランディングページを用意する前に、広告を出せない商品かどうか、必ず確認しておきます。

　また、Facebook広告には、画像やテキストを組み合わせて広告を作成する際に遵守しなければならないルールもいくつかあります。ルール違反を犯した広告は、Facebook側から非表示あるいは削除されてしまうので注意が必要です。

　Facebook広告の禁止事項については、広告ポリシーのページに詳しくまとめられています。事前に必ず目を通しておいてください。

広告ポリシー（https://www.facebook.com/policies/ads/#restricted_content）のページにはFacebook広告の禁止事項が詳細に記載されています。広告を利用する前に必ずチェックしておきましょう。

✓ 画像に掲載可能な文字は面積の20%以内

　Facebook広告を出稿する際、もっとも注意が必要なルールです。Facebook広告で使用する画像は、画像の中に文字を直接書き込み、画像の一部として文字を表示することができますが、画像の面積中、文字が占める面積の比率が「20%まで」と厳しく制限されています。文字を直接書き込んである画像の場合、画像の面積の20パーセント以内に収まっていないと、Facebookでは承認されません。そのため、画像に直接文字を書き込む場合は、文字が占める面積に注意を払う必要があります。

　画像内に書き込んだ文字が既定の範囲内に収まっているかどうかは、Facebookの公式ページで利用できる「グリッドツール」という無料サービスを利用すると便利です。下記のURLにアクセスし、広告に使用したい画像をアップロードすると、画像上に5×5のグリッドを表示してくれます。1マスが4%ですので、合計で5マス以内のスペースに文字を収めるようにしてください。

グリッドツール（https://www.facebook.com/ads/tools/text_overlay）にアクセスし、パソコン上に用意した広告用の画像をアップロードすると、自動的に5×5のグリッドが画像へ重ね合わせた状態で表示されます。画像内に書き込まれた文字がどれくらいの比率を占めているか、すぐに判別できます。

✅ 暴力的なイメージの画像や扇情的な画像

テキストでは表現しにくい、画像によるインパクトを狙った結果、Facebookのルールに抵触してしまうことが意外と多いものです。注意したいのは暴力的な画像、扇情的な画像です。

暴力的な画像とは、単純に殴る、蹴るを表現する画像だけではありません。自動車や建物が壊れた様子を表す画像などはこのルールに抵触します。出血を伴った傷病の様子なども、さけたほうが無難です。

また、性別に関係なく、素肌の露出が多い人物の画像も要注意です。扇情的な表現については、個人の主観によって程度の差があって当然ですが、Facebook広告では、例のような画像でもルール違反となります。

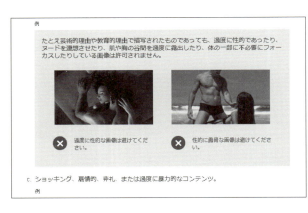

暴力や性行為をイメージさせる画像は厳禁です。広告の視覚的な効果を狙おうとすると、このルールに抵触することが多いようです。広告主の主観的な判断は危険です。

✅ ユーザーを欺く内容はNG

どんな広告でも、ユーザーをだますような内容の広告は評価が下がりますが、Facebook広告では、とりわけ厳しく審査されています。些細なウソでも承認が取り消されますので注意が必要です。よく見かけるのが、動画の再生ボタンを表示しながら、動画が再生されず、そのままランディングページが表示される広告です。動画の再生ボタンを表示しながら、動画が再生されなければ、それだけで「ウソ」の広告と判断されます。

Facebook広告の禁止事項

「クリックしたらどうなるか」を明確に表示するのが、ウソの広告と判断されないためのコツです。

☑「ビフォー・アフター」をアピールする画像

　紹介する商品やサービスの使用前と使用後を画像で紹介した広告は禁止とされています。画像を使って商品の効果を明快に表示できるFacebook広告では、ついつい使ってしまいがちですが、利用規約でははっきりと禁止されているので注意しましょう。

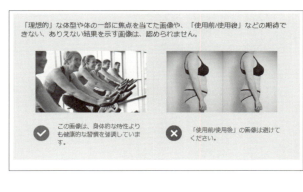

商品の効果やメリットを表すのに最適なビフォー・アフターの比較広告ですが、残念ながらFacebook広告では禁止事項となっています。

まとめ

- 広告の画像上に表示できる文字は、画像面積の20%まで
- 暴力的・性的なイメージの広告は禁止
- 何らかのアクションを促す表現は禁止
- ビフォー・アフターをアピールする画像は禁止

Chapter1 04 Facebook広告を利用するには

誰でも気軽に利用できるFacebook広告ですが、最低限、必要となる準備があります。出稿まではあっという間ですので、あらかじめ準備を整えておきましょう。

準備① Facebookのアカウントを用意する

　Facebook広告を出稿する側として利用するためには、Facebookのアカウントを取得しておく必要があります。アカウント自体は、利用可能なメールアドレスさえあればすぐに作ることが可能です。ただし、13歳未満はアカウントを作成することができませんので、Facebook広告の利用も13歳以上から、ということになります。

　個人アカウントの作成後は、アカウントのページをブラウザにブック

Facebookのトップページ（http://www.facebook.com）にアクセスすれば、13歳以上であればすぐにアカウントを作成できます。広告を出稿するだけの目的でアカウントを作成する場合、SNSとして利用する必要はありませんが、「氏名」「生年月日」「性別」という3つの基本情報の入力は必須です。なお、作成にはメールアドレスが必要です。

マークしておくと便利です。ただし、IDとパスワードをブラウザに記憶させないようにするなど、セキュリティ対策には十分な配慮が必要です。複数人で利用するパソコンでFacebook広告を利用する場合は特に注意してください。広告料金の支払いのために入力してあるクレジットカードの番号はもちろん、アカウントそのものも盗まれないように注意を払ってください。

作成したFacebookの個人アカウントは、ブラウザにブックマークしておくとすぐにログインできて便利です。ただし、自分以外の誰にもログインされることのないよう、IDとパスワードの管理は十分注意してください。

✓ 準備② Facebookページを作成する

　Facebook広告を利用するには、Facebookの個人アカウントが必要ですが、さらにもう1つ、「Facebookページを作成する」という条件があります。個人アカウントを取得しても、Facebookページを作成していないと、Facebook広告の機能をフル活用することはできません。

　Facebookページを作成したことのないアカウントでFacebook広告を出稿しようとした場合、広告エリアには表示できますが、肝心の「ニュースフィード」に広告を表示できません。

Facebookページを作成していない個人アカウントでFacebook広告を出稿しようとすると、手順の途中でFacebookページの作成が求められます。この作業をせずに出稿手続きを進めると、ニュースフィードのタイムラインに表示されることのない広告ができあがってしまいます。

　Facebook広告をフル活用するのであれば、ニュースフィードのタイムラインに表示するため、あらかじめFacebookページを作成しておきましょう。広告作成時に、案内に従って作成しても良いのですが、非常に簡単に作成できるので、事前に済ませておくと良いでしょう。

　なお、作成したFacebookページは、実際に利用する必要はありません。2015年10月現在、必要最低限の情報を入力し、作成しておくだけで、後はFacebook広告をニュースフィードに表示できるようになります。

Facebookにログインした状態で、画面右上のメニューを表示して「ページを作成」をクリックします。表示された6つのカテゴリのいずれかをクリックし、Facebookページを作成します。作成したFacebookページでは、無理に投稿などする必要はありません。

✓ 準備③　クレジットカードを用意する

　Facebook広告を出稿するためには、当然ですが「広告費」がかかります。この広告費の支払いに必要となるのが、クレジットカードです。

　クレジットカード以外にも、PayPal、もしくはデビットカードなどでの支払いが可能ですが、もっとも手軽に決済できるのは、やはりクレ

ジットカードです。Facebook広告の支払いでは、「VISA」「MasterCard」「American Express」「JCB」の4種類で決済が可能です。

なお、広告費を支払うためのクレジットカードは複数指定しておくことができます。この場合、請求が行われる順番も同時に指定しておきます。たとえば、メインの支払いをJCBのカードに指定しておき、引き落としができなかった場合、2番目に指定したVISAから引き落とされる、といった具合です。確実に支払いを済ませられて便利です。

実は、Facebook広告の支払い方法にはもう1種類の方法があります。それは、広告代理店を通した決済です。広告代理店にFacebook広告への出稿を依頼した場合、依頼した広告主はFacebook広告と直接的な関係を持たず、出稿から配信、決済まで、すべて代理店を通じて行います。広告代理店を利用した出稿は手数料がかかりますが、画像や見出しの手配や戦略、広告の作り込みや最適化配信まで代行してくれます。

▲Facebook広告で決済可能なクレジットカード

✓ 準備④　ランディングページを用意する

ランディングページとは、Facebook広告をクリックしてくれたユーザーの誘導先として用意するWEBページです。このページに、購入を決済するボタンや、予約、登録などのボタンなどを用意しておきます。

ランディングページがなければ、広告を出す意味もありませんので、ある意味、もっとも重要な準備ともいえます。また、ランディングページのURLは、広告を作成する際にも必要となります。

なお、すでにリスティング広告などでビジネスを展開している場合、ランディングページを所有しているケースがほとんどだと思いますが、リスティング広告とまったく同じランディングページをFacebook広告で使用した場合、コンバージョンが著しく低下するケースがあります。

この原因については、29ページ以降で解説している「Facebook広告とリスティング広告は何が違うのか？」を参照してください。2つの広告の違いをしっかりと理解し、広告の特性に合ったランディングページを用意することで、コンバージョンは飛躍的にアップします。

広告をクリックしてくれたユーザーを誘導する先に、商品やサービスを販売する「仕組み」を設置しておくランディングページとそのURLは、広告作成時の素材として必要となります。

まとめ

- 事前にFacebookのアカウントを作成しておく
- アカウント作成後はFacebookページも作成しておく
- 利用可能なクレジットカードを用意しておく
- ランディングページとそのURLを用意しておく

Facebook広告で出稿できる広告の種類

Facebook広告は多彩な種類の広告が用意されていますが、Facebookのサービス外へ誘導できる広告は2種類だけです。本書では、この2つの広告課金タイプの活用法について解説していきます。

☑ Facebook広告のメニューを表示する

　Facebook広告は、Facebookのアカウントを作成した直後からすぐに利用できます。まず、用意したFacebookのアカウントにログインし、画面右上にあるプルダウンメニューをクリックします。この時、ニュースフィードの画面でも、タイムラインの画面でもどちらでもプルダウンメニューは表示されているので心配ありません。表示されたメニューから「広告を掲載」をクリックすると、Facebook広告で利用できるすべての広告メニューが表示されます。

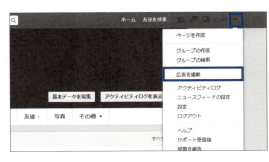

Facebook広告の種類を確認するため、まずFacebookにログインします。アカウント内のページすべてに表示される共通の「トップメニューバー」にある「▼」のプルダウンメニューをクリックし、「広告を掲載」を選択してクリックすると、すべての広告メニューが表示されます。

☑ Facebook広告で出稿できる広告の種類は全部で9種類

　Facebook広告には現在、9種類の広告が用意されています。そのうち7種類は、Facebookのサービスに対して特化されたもので、個人ユーザーの情報拡散の手段として、あるいはFacebookページへの集客用

として用意されています。

しかし、2種類だけ、外部のページ（Facebookのサービス外にあるウェブページ）に誘導できる広告があります。Facebook広告の利用時に、この広告を選択すると、独自に用意したランディングページにアクセスを集め、コンバージョンを稼ぐという、一般的な広告としての利用が可能になります。ここでは、Facebook広告で利用できる9種類の広告を紹介します。

❶投稿を宣伝
個人アカウントやFacebookページから投稿する記事、あるいはこれから投稿する記事をそのまま広告として表示できるメニューです。ランディングページはFacebookページ以外に指定できません。

❷Facebookページを宣伝
ランディングページをFacebookページに設定できる点は①と一緒ですが、広告上にFacebookページのファンになってもらえる「いいね！」ボタンを表示できます。

❸ウェブサイトへのアクセスを増やす
ランディングページをFacebook外のWEBサイトに設定できる広告です。コンバージョンを稼ぐための広告であり、本書ではこの広告の効果的な使い方を解説していきます。

❹ウェブサイトでのコンバージョンを増やす
外部のWEBサイトに設置した「購入ボタン」「申し込みボタン」を、広告上に直接設置できるというユニークな広告です。❸のタイプと同じく、外部のWEBサイトに誘導できる広告として利用します。

❺アプリのインストール数を増やす
Facebook専用のアプリをユーザーに進めるための広告です。アプリ制作者以外は、ほとんど利用する機会はありません。

❻アプリのエンゲージメントを増やす
⑤と同じく、アプリの開発者や販売者が利用する広告です。一般ユーザーが利用する機会はまずありません。

❼イベントの参加者を増やす
個人ページやFacebookページで立ち上げたイベントに、参加者を募集するための広告で、設定できるランディングページはイベントページのみとなります。

❽クーポンの取得を増やす
Facebookページから作成・発行するクーポンを配布するための広告です。受け取ったユーザーはスマートフォンからクーポンを利用するのが一般的です。

❾動画の再生数を増やす
動画を埋め込んだ広告を作成できます。動画の再生回数を増やすために使われますが、Facebookページを作成したアカウント以外は作成することができません。

✅ 2つの広告の違いとは

　Facebookのサービス外にあるWEBサイトへ誘導できる広告が2種類あるとお伝えしましたが、実際にFacebook広告を利用する場合、どちらのタイプを選べば良いのでしょうか？

　実は、この2つの広告には明確な違いがあります。「ウェブサイトへのアクセスを増やす」を選択した場合、Facebookはウェブサイトへの誘導しようと全力で広告を配信します。つまり、「クリックしてくれそうなターゲット」に優先的に配信してくれるのです。これに対して、「ウェブサイトでのコンバージョンを増やす」を選択した場合、購入や契約、申し込みなどをしてくれそうなターゲットに対して広告を配信します。

前ページで紹介した③のタイプはクリックを稼ぐのに最適な広告であり、④のタイプはコンバージョンを稼ぐのに最適な広告です。ただし、最初から④のタイプを選択して広告を出稿しても、良い結果は得られません。3章の88ページ以降をじっくりと参考にしてください。

　ですので、Facebook広告で販売促進を狙うのであれば「ウェブサイトでのコンバージョンを増やす」を選択するのが得策に思えますが、いきなり利用しても効果は得にくいでしょう。なぜならば、「ウェブサイトでのコンバージョンを増やす」は、条件がそろわないと効果を発揮し

にくいのです。

この2種類の広告の活用は、Facebook広告を効率よく活用するためのもっとも重要なポイントですが、Facebook広告の仕組みを理解していないと、使い分けの方法もまた理解することができません。

✅ 2つの広告を使い分ける

本書では、クリックに最適化する「ウェブサイトへのアクセスを増やす」広告をA/Bテストに、「ウェブサイトでのコンバージョンを増やす」広告を、コンバージョンへの最適化配信に使用します。

A/Bテストでは、広告に使用する画像と見出しのクオリティを追求し、ターゲットの見極めまで行いますが、このためには、広告がクリックされない限り広告費が発生しないタイプの広告が配信できる「ウェブサイトへのアクセスを増やす」広告が最適です。

また、広告の最終的な目的であるコンバージョンの獲得には、コンバージョンを獲得するための「最適化配信」が欠かせませんが、この最適化配信には「ウェブサイトでのコンバージョンを増やす」広告を選択し、活用していきます。

いずれの広告も、Facebook広告の仕組みを理解していないと、うまく活用することができません。本書では、3章の88ページより、この2つの広告を使いこなすポイントを紹介し、具体的な実践方法を4章以降で紹介していきます。

まとめ

- 「稼げる」Facebook広告は「ウェブサイトへのアクセスを増やす」「ウェブサイトでのコンバージョンを増やす」の2種類
- 2種類の広告の使い分けと効果的な活用は、Facebook広告の仕組みの理解が必要

Chapter1 06 Facebook広告とリスティング広告は何が違うのか？

Facebook広告を作成する前に、ぜひ、リスティング広告との違いを知っておきましょう。今さらと思われるかもしれませんが、実は、ネットビジネスのベテランでも意外なほど誤解している点があるのです。

✓ 必ず知っておかなければいけない違いとは？

　Facebook広告は、同じくウェブ上の広告媒体であるリスティング広告とよく比較されます。どちらがコンバージョンを得やすいのか、どちらが取り組みやすいのか、どちらがコストパフォーマンスに優れているのかなど、いろいろな比較がされているのはご存じの通りです。リスティング広告の効果の高さや手軽さは、すでに広く知られていますので、Facebook広告が比較されてしまうのも無理はありません。

　では一体、何が違うのか？　ここでは、広告で「稼ぐ」場合に必要となる、リスティング広告とFacebook広告の「本当の違い」違いについて確認しておきます。これらの違いを知っておくと、Facebook広告の準備から活用まで、ベストな判断が可能になります。

✓ 広告をクリックする動機がまったく違う

　Facebook広告とリスティング広告の最大の違いは、広告閲覧者が広告をクリックする時の「動機」です。

　リスティング広告はご存じの通り、検索エンジンの検索結果に表示されます。これは検索ユーザー、つまり、欲求がはっきりしているターゲットの「探し物の結果」として表示されるわけです。ターゲットのニーズと広告の商品がキーワードによってマッチングできてさえいれば、高確率でクリックしてもらえるでしょう。

リスティング広告は、検索ユーザーの検索結果に表示されます。欲求がはっきりしているターゲットに対し、キーワードを介して最適な情報を提供できれば、「欲しい！」という欲求と共に広告をクリックしてもらえます。

　これに対し、Facebook広告は、Facebookでコミュニケーションを楽しんでいる人に対し、何の前触れもなく一方的に表示されます。

　Facebookのユーザーは、「〇〇が欲しい」「〇〇の情報が欲しい」と考えてFacebookにログインしているわけではありません。コミュニケーションを楽しんだり、気になる友だちやFacebookページの情報をチェックしているだけなのです。つまり「何も欲しいと思っていない状態（自分の欲求に気づいていない状態）」です。そんなFacebookユーザーに対し、どれだけ絶妙なターゲティングを行って広告を表示しても、「欲しい！」という欲求とともにクリックしてもらえることは、まずありません。

　つまり、リスティング広告とFacebook広告では、広告をクリックする動機が基本的に異なるのです。

　Facebook広告は「欲しい！」と思ってクリックされるよりも、「なんだろう？」「興味あるな……」といった程度の動機でクリックされることのほうが圧倒的に多いという事実を、しっかりと認識しておく必要があります。この点に気づいていない場合、次に紹介する「ランディン

グページの違い」に気づくことができません。

✅「ランディングページ」も別に用意したほうがいい

　Facebook広告とリスティング広告では、クリックする動機がまったく違うということが理解できると、ランディングページも別々に用意するほうがいい、という事実に気づくことができます。

　リスティング広告の場合、キーワードを打ち込んで情報を探している人、つまりはっきりとした欲求を持っている人をランディングページに誘導するのですから、ページのトップには、欲求を満たす確信的な情報を大きく表示するのがセオリーです。

　「トレーニングウェア　おすすめ」というキーワードで出稿したリスティング広告であれば、ランディングページのヘッダー部分には有名ブランドのトレーニングウェアの写真と、価格や送料、期間限定サービスなどを詰め込んでおけば、必然的にコンバージョンは稼げます。

リスティング広告のランディングページトップには、キーワードに現れている欲求を満たすための情報をストレートに掲載します。

　しかし、Facebook広告の場合、同じキーワードを広告上に掲載し、同じランディングページに誘導しても、リスティング広告と同じような

コンバージョンは稼げません。なぜなら、クリックした人が自分の欲求に気づいていないからです。これは、スポーツが趣味のFacebookユーザーをターゲティングで絞り込んだとしても同じです。まずは、クリックしてくれた人に対し、スポーツで汗をかくことが趣味であると思いだしてもらい、さらに「素敵なトレーニングウェアがありますよ」と提案する必要があるのです。こうしないと、広告の先に用意したランディングページに興味を持ってもらえず、最後まで読んでもらえることはなかなかないでしょう。必然的に、リスティング広告用のランディングページよりも記載すべき情報量は多くなります。

Facebook広告のランディングページトップには、自身の潜在的欲求に気づいてもらうための情報が必要です。リスティング広告よりも「回りくどい説明」から始まります。これは、クリックしてくれたユーザーに「欲求に気づいてもらう」ために欠かせない説明です。

✅ 最初に挑戦する広告は「リスティング広告」

　ここまでの解説では、一見、Facebook広告はリスティング広告に比べると不利なようにも思えます。

　実際に、すでにホームページや販売ページを自分で運営し、集客のためにブログを書き続け、SEOをいろいろと対策しているのであれば、最初に利用すべき広告は間違いなくリスティング広告です。なぜならば、ホームページやブログの開設、さらにはSEOの施策などで、自社に有

利な「キーワード」をたくさん使っているはずだからです。これらのキーワードとSEOの知識は、ほとんどがリスティング広告に流用できるので、Facebook広告よりも素早く結果を出せるはずです。

✅ Facebook広告の本当のメリットとは？

　では、Facebook広告の本当のメリットとは一体なんでしょうか？それは、「キーワードでアプローチできないターゲット」に対して広告を表示できる点です。

　キーワードで表現できる欲求、商品、サービスに対して、リスティング広告は圧倒的な効果を発揮しますが、キーワードにできない欲求にはまるで役に立ちません。検索エンジンの検索結果には、あふれんばかりのリスティング広告が表示されていますが、それでもなお、キーワードにできない欲求や商品、サービスは取りこぼされているのです。

　この、リスティング広告で拾い切れないニーズを根こそぎ奪い取りに行けるのがFacebook広告です。

　最後に、Facebook広告がリスティング広告よりも効果を発揮する商品やサービスについて考察してみましょう。

❶ キーワードにしにくい商品やサービス

　まず、はっきりとリスティング広告より有利なのは、キーワードにしにくいサービスです。これまでになかった斬新な商品などは、キーワードで探されるまでに相当な時間がかかりますが、Facebook広告ならあっという間に広告表示できます。たとえば、「キッチンで使える、空き缶を足で踏むだけで簡単につぶせる機械」は、あれば誰もが便利だと感じますが、実際にはほとんど検索されていません。キーワードにしにくいからです。検索されていないので、リスティング広告やSEOでは売りにくい商品といえます。しかし、Facebook広告であれば、空き缶を足で踏んで簡単につぶす様子を動画で紹介すれば、簡単に集客できるでしょう。

❷ キーワードで絞り込みにくいサービス

　キーワードで検索できるが、絞り込むのが難しい商品やサービスもFacebook広告で狙ってみましょう。たとえば、アパレルでは膨大な種類の商品を抱えており、シャツ、デニム、パンツ、ソックス……などなど、キーワードを網羅するのも大変です。キーワードで探す場合は「シャツ　襟　フリル　ピンク　レディース」など、思いつく限りの複合キーワードで検索するか、「シャツ　かわいい　品数豊富」など、商品点数の多いショップを探そうとしますが、品数が豊富なだけに、自分の好みに完全にマッチした商品を探すのは一苦労です。

　こうしたジャンルでもFacebook広告は効果を発揮します。3語、4語、5語と複合キーワードを組み合わせてもなかなかヒットしない商品でも、Facebook広告なら画像で簡単に表示できるからです。「かわいい！」「かっこいい！」と思わせることができれば、自分の欲求に気づいていないユーザーであっても興味を引かれ、広告をクリックしてくれます。

❸ 年齢や性別がそのままターゲット層になる商品やサービス

　Facebook広告では、Facebookユーザーがアカウントに登録した個人情報を使ってターゲティングできますが、このターゲティングが、そのまま商品のターゲット層になるような商品は非常に有利です。特にお勧めなのは「年齢」と「性別」です。Facebookのアカウント作成に必須の情報だからです。

　たとえば、老人ホームなどの資料請求や販売などは、性別に関係なく40歳以上の年齢層すべてが対象となるでしょう。趣味や職業などで絞り込む必要はまったくありません。また、化粧品の販売などは、あらゆる年齢層の「女性」がオーディエンスになります。こうした関係性が商品とターゲットにある場合、細かい条件での絞り込みはまったく意味をなさなくなります。

❹ リスティング広告だとライバルが強すぎる商品やサービス

　最後に、リスティング広告だとライバルが強すぎる商品やサービスも

お勧めです。

資本力のある広告主は、効果の高いリスティング広告の上位表示に徹底的にこだわります。その結果、中小企業や個人のアフィリエイターなどは、激戦区のキーワードでリスティング広告を表示しにくくなっているのが現状です。こんな場合、Facebook広告で出稿すると、思いのほかコンバージョンが稼げます。資本力のあるライバルは、即効性があって効果も高いリスティング広告に全力を注ぐ傾向があり、Facebook広告は比較的手薄になることが多いのです。競合が多く、入札額が高騰しているキーワードは、リスティング広告であれSEOであれ、新規参入はまず見込めませんが、2015年11月現在のFacebook広告であれば、こうしたキーワードで狙う商品でも十分に広告表示できます。

✓ Facebook広告は「画像」と「見出し」が重要！

ここまで見てきたように、Facebook広告には、リスティング広告にはない強みがあることがはっきりとわかります。しかし、この強みを活用するには、広告の構成要素である「画像」と「見出し」が非常に重要です。

「画像」と「見出し」は非常に大きな影響力を持っています。特に、リスティング広告では使えない画像の影響力は、Facebook広告の大きな武器となります。

Facebook広告の「画像」と「見出し」は、クリエイティブと呼ばれていますが、本書では、このクリエイティブのクオリティをA/Bテストによって見極めます。

　Facebook広告が目に留まった時点で、自分自身のニーズに気づいていないFacebookユーザーたちに広告をクリックしてもらうためには、広告の概要やイメージを一瞬で伝える画像のクオリティが欠かせません。

　また、Facebook広告を構成するテキストのうち、もっとも目立つ「見出し」は、画像では伝えきれない情報をフォローすることはもちろん、広告をクリックしたらどんな情報が手に入るのかを、Facebookユーザーに正確に伝える役目を果たします。そのため、ランディングページでのコンバージョン率にもっとも大きく影響する要素でもあります。

　Facebook広告は、リスティング広告と異なり、「画像」と「見出し」の影響がけた外れに大きいのです。この2つの要素のクオリティが高くなければ、Facebook広告で大きな成果を獲得することはできないでしょう。

　「画像」と「見出し」のクオリティを高めるA/Bテストについては、4章以降で詳しく解説しています。

まとめ

- リスティング広告との違いは「**クリックする動機**」
- クリックする動機が違うので、ランディングページの内容も別にしたほうがいい
- はじめて広告を出稿するならリスティング広告
- Facebook広告は、リスティング広告でアプローチしにくいターゲットに有効

Chapter 2

Facebook広告を出稿しよう

Chapter2 01 Facebook広告を作成する流れを確認しよう

Facebook広告を出稿する準備が整えば、広告の出稿・表示まであっという間です。作業に取り掛かる前に、これからどのような広告を作成するのか、確認しておきましょう。

☑ Facebook広告の構成要素

　Facebook広告を出稿した場合、同一の広告であっても、表示される場所によって微妙に形態が異なります。具体的には、下記に表示した3種類となります。ただし、表示される要素と用意すべき素材はまったく同じなので、1種類の広告を作成すれば、3カ所の表示エリアに最適な形状で自動的に表示されます。

　なお、スマートフォンでは、ニュースフィード以外で広告が表示されることはありません。

▲パソコンのニュースフィードに表示されたFacebook広告

▲パソコンの広告エリアに表示されたFacebook広告

▲スマートフォンのニュースフィードに表示されたFacebook広告

❶ 見出しを用意する

　Facebook広告を作成する際、テキストの構成要素は「見出し」と「説明文」の2種類ありますが、圧倒的に重要なのは「見出し」のテキストです。説明文よりも大きく、さらに太字で表示され、「クリックしたらどんな情報が表示されるのか？」というイメージを瞬時に伝える役割を担っています。

　見出しとして表示できる文字数は、全角、半角どちらも25文字までです。広告のリンク先で販売する商品やサービスを意識して、クリックしたくなるような見出しを用意しましょう。

Facebook広告の見出し部分です。クリックした後に閲覧できる情報のイメージを伝えるのが見出しの役目です。25文字まで書き込めますが、あくまでも「イメージ」を伝えるのが大切で、正確な広告の内容をすべて見出しに詰め込む必要はありません。

❷ その他のテキストを用意する

　Facebook広告では、見出し以外に2種類のテキストを用意することができます。この2つのテキストは「説明文」と呼ばれています。ただ、見出しの下部に表示される説明文は文字の大きさが小さく、文字の色も薄いグレーで表示され、極端に視認性が悪くなっています。このため、文字数を多く書き込めるわりには広告の効果にあまり影響しません。

　また、ランディングページとまったく関係ない内容を書いてしまえば、広告の信頼度そのものが揺らいでしまいます。まずは、ランディングページの商品をお勧めする2種類の説明文を用意しておきましょう。

説明文の文字数は、上段（作成時は「テキスト」と表示されます）が90文字、下段が200文字です。

広告の内容と一緒に、ターゲット層へのメッセージの役目を果たすのが説明文です。上段の説明文（作成時は「テキスト」と表記されています）は90文字、下段の説明文は200文字まで記載できます。

❸ 画像を用意する

　Facebook広告に利用する画像は、広告の成果を大きく左右する、もっとも重要な素材です。ただし、最初の出稿からベストの画像を選べることは、まずないでしょう。どの画像がターゲット層の興味を引くかは、実際に出稿してみないとわからないからです。

　キーワードでターゲティングするリスティング広告と違い、年齢や性別などでターゲティングを行うFacebook広告は、ターゲット層の興味を引くことができなければ反応が得られません。複数の画像を使い、効果を比較しながらベストの画像を選んで出稿を繰り返していくことになります。

　Facebookは、Facebook広告の出稿者向けのサービスとして、本来有料の写真素材をFacebook内で用意しており、広告の出稿者は無料で利用することが可能です。それ以外の画像を使用する場合、デジカメなどであらかじめ撮影しておくほか、無料サイトなどで提供されている、権利フリーの素材を利用することになります。

COLUMN 画像はスマートフォンの撮影がお勧め

　広告に使用する写真というと、プロが撮影したクオリティの高いものを用意したくなりますが、必ずしもクオリティの高い写真が有効とは限りません。むしろ、スマートフォンで撮影した「素人くさい」写真が有効であることも多いのです。

　素人然とした写真は、まるで友人から送られてきた投稿のような印象をFacebookユーザーに対して与え、クリック率を高める効果が期待できます。

　画像は、広告のリンク先に用意してある商品やサービスと関連性のある画像、もしくは、Facebook上に表示された際に人目を惹きつけるインパクトのあるものが良いでしょう。お勧めなのは、人物の表情を移した画像、あるいは商品そのものの画像です。最初はこの2枚を選んで広告を作成すると良いでしょう。

　なお、Facebook広告に利用できる画像の形式は、「png」「jpg」「gif」「ico」「bmp」の5種類ですが、Facebookでは「png」を推奨しています。

　また、画像の推奨サイズは1200×628ピクセルです。このサイズ以外の画像をアップロードすると、自動的にリサイズされ、最適な形で広告画像として表示されますが、縦横比があまりにも1200×628からかけ離れていると、被写体が歪んで見えてしまうので注意が必要です。

まとめ

- Facebook広告の作成に必要な「見出し」「説明文」「画像」を用意しておく
- スマートフォンで撮影した写真もお勧め
- 写真やイラストが自分で用意できなければ、無料の素材サイトなどで入手する

Chapter2 02 広告出稿の基本

Facebook広告の作成はあっという間に終わるほど簡単ですが、広告の要素ごとに用意された各機能を理解しながら作成することが何より重要です。Facebook広告の作成についてじっくりと理解を深めましょう。

☑ 実際に広告を作成する

　Facebook広告の作成は、1章で紹介した通り、個人アカウントにログインした状態からスタートします。広告を作成して実際に表示するまでは簡単ですが、そのわずかな作業の中に非常に重要な要素が詰まっています。広告の作成は、用意したテキストと画像を組み合わせればほぼ完成なのですが、それ以外に、「入札」「ターゲティング」「予算設定」「掲載期間」という、重要な4つの要素を確定する必要があります。

　まずは、広告を作成する基本的な手順を追っていきますが、実際に作成を進めてしまっても問題ありません。Facebook広告の完成時には、クレジットカードの設定も終え、すぐに配信できる状態になりますが、ワンクリックで広告をストップしておけます。

　本書ではまずA/Bテストを実施しますが、A/Bテストには、クリックされない限り広告費が発生しないCPCタイプで課金するのがセオリーとなります。そのためにまず、「ウェブサイトのアクセスを増やす」タイプの広告を作成する手順を紹介していきます。ただし、「ウェブサイトでのコンバージョンを増やす」を選択しても、広告の作成方法は基本的に同じです。

❶ 広告の作成

　Facebook広告の作成は、Facebookの個人アカウントにログインした状態からスタートします。この時点で、1章で用意したFacebookページ、クレジットカード、ランディングページのURLがそろっていれば、

すぐに完成します。

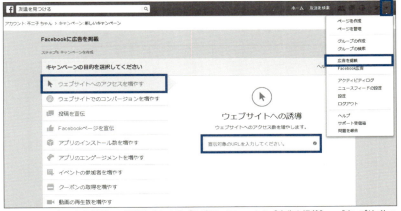

Facebookにログインした状態で、画面右上にあるプルダウンメニューから［広告を掲載］→［ウェブサイトへのアクセスを増やす］の順にクリックします。さらに、用意してあるランディングページのURLを入力し、キーボードの［Enter］キーを押します。これで作成画面が表示されます。

❷ 必要事項を入力する

　手順①で［Enter］キーを押すと、画面の下部に入力画面が表示されます。この画面での入力で、広告を構成するテキストや画像などの要素がすべて決定します。入力内容は主に「ターゲット層」「予算」「表示期間」「広告の画像」「広告のテキスト」の5つです。どの項目も作業の量はわずかですが、それぞれの入力内容は広告の成果を作用する非常に重要な要素ばかりです。

　「ターゲット層」「予算」「表示期間」「広告の画像」「広告のテキスト」は、それぞれ次節以降から順番に解説していきます。

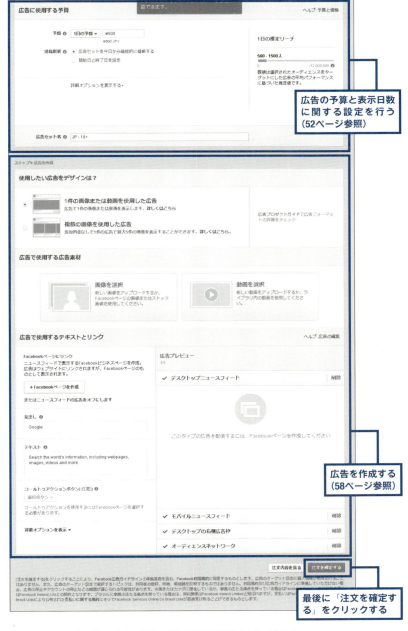

すべての項目で入力が終わったら、最後に[注文を確定する]をクリックします。

❸ 支払い方法を選択する

　最後に、広告料金の支払い方法を決定します。表示されているメニューから支払方法を選択します。ここではここではクレジットカードによる支払いを選択して［次へ］をクリックします。クレジットカードの情報を入力し、さらに「次へ」をクリックします。これで広告の出稿手続きはすべて完了です。

支払方法を設定し終わればすべての手続きが終了します。

❹ 広告マネージャが表示される

　広告出稿の手続きがすべて終了すると、自動的に「広告マネージャ」の画面が表示されます。これ以降、広告に関する手続きや、広告効果の見極めなど、すべて広告マネージャで行います。

　なお、実際に広告が表示されるのは、審査が終了してからとなります。審査終了後、いきなり広告が配信されないよう、この時点で広告を「非アクティブ」にしておきます。

　なお、Facebook広告の管理はすべて広告マネージャで行うことになります。特に「キャンペーン」「広告セット」「広告」と呼ばれる3階層の構造を管理・把握することは、これはFacebook広告を効率よく利用するために必ず理解しておくべき重要なポイントです。3章の65ページより詳しく解説します。

広告の出稿手続きがすべて終了しない限り表示されない「広告マネージャ」の画面です。広告の名前についているボタンをクリックすれば、広告の配信をストップさせることができます。

❺ 新たに追加されたメニューを確認する

広告マネージャが表示された後は、Facebookにログイン中、いつでもこの画面を表示できるようになります。画面右上のメニューをクリックして表示すると、「広告を管理」のメニューが新たに追加されていることがわかります。

新たに追加された「広告を管理」をクリックすれば、いつでも広告マネージャの画面が表示できます。

まとめ

- ここでは広告作成の手順を確認する
- 広告作成の各要素は、次節以降を参照

Chapter2 03 オーディエンスの設定を行おう

オーディエンスとは、マーケティングでいう「ターゲット」「ターゲットユーザー」のことです。オーディエンスの絞り込みはFacebook広告の大きな特徴であり、強みでもあるのです。

☑ オーディエンスの設定

　オーディエンスの設定は、どんなFacebookユーザーに広告を表示するかを絞り込む設定です。Facebookユーザーがアカウントを作成する際に入力した年齢や性別、家族構成、居住地、卒業した学校、職業、使用言語などの情報で、広告を表示する相手であるオーディエンスを絞り込んでいきます。

　なお、本書では、広告を狙って表示するFacebookユーザーを「ターゲット」と呼び、広告の設定時に狙いを定める際のFacebookユーザーを「オーディエンス」と呼び分けますが、意味は同じです。

基本的に、クリックするだけでほとんどの入力を済ませることができます。広告を表示するエリア（除外するエリア）は、都道府県名などを入力する必要がありますが、行政名を入力すると、候補の一覧が表示されて簡単に選択できるようになります。

✅ 「参照」をクリックして詳細な情報を入力できる

記載事項の中には「参照」というボタンがいくつか用意されています。オーディエンスの設定では、「父親/母親」「趣味・関心」「行動」の項目に用意されています。「参照」をクリックすると、その項目に関する詳細な選択肢一覧が表示され、選択することで、さらにオーディエンスを絞り込むことができるようになります。

「父親/母親」「趣味・関心」「行動」の項目には「参照」というメニューが用意されています。クリックすると、いろいろな選択肢が用意され、選んだ要素にマッチしたオーディエンスに広告が表示されるようになります。

✅ 画面右側の「オーディエンス」に注目する

オーディエンスの設定画面では、画面右側に、広告が表示されるオーディエンス数を予測するメーターが表示されます。設定を行った結果で広告が表示されるオーディエンスの数も変化します。たとえば、「地域」の項目で除外する都道府県の数を増やせば増やすほど、予想オーディエンス数も減っていきます。

出稿した広告が、どれだけの人数に対して表示されるのか、オーディエンスの設定を元に概算して表示するメーターです。

✅ 設定は保存できる

　商品の特性にマッチしたオーディエンスを絞り込んだら、最後に設定を保存しましょう。新しい画像やテキストを使って同じ内容の広告を作成する場合、設定を保存しておけばそのまま繰り返し使用できます。
　[このオーディエンスを保存]にチェックを入れ、設定に任意の名称を付けて保存しておきましょう。

画像やコピーを別途用意して、新しい広告を作成する場合、オーディエンスの絞り込みを繰り返し行う必要がなくなり便利です。

オーディエンスの設定を行おう

あらためて広告を作成する際に「新しいオーディエンス」にあるメニューを表示すると、すでに作成して保存してあるオーディエンスの設定が表示されます。クリックすればまったく同じオーディエンスの設定が瞬時に入力できます。

本書では効果的にFacebook広告を活用するため、A/Bテストや最適化配信などで同じオーディエンス設定を繰り返し使うことがよくあります。設定したオーディエンスは保存しておくことをお勧めします。

まとめ

- オーディエンスとは「ターゲット」とほぼ同意
- Facebookユーザーの個人情報を元に絞り込んでいく
- 絞り込んだ結果、広告がどのくらい表示されるかは画面右側のメーターが概算してくれる
- 細かく絞り込んだ絞り込みの設定は保存しておく

Chapter2 04 広告の料金と掲載期間を設定しよう

Facebook広告の料金は、広告主が「入札」を行うことで基本的な料金が決定します。「どれくらいの金額を広告費として支払えるか」をFacebook側に伝える行為といって良いでしょう。

✓ 広告の単価は入札後に変化することがある

　Facebook広告の入札とは、広告料金を決定する設定ではありません。なぜなら、入札した金額は変化しなくても、実際にFacebook広告が表示された後、オーディエンスの反応によって広告の表示回数が変化したり、広告単価そのものが上下することがあるからです。

　効率の良い出稿の考え方とテクニックについては、64ページから詳しく解説しますので、ここでは広告出稿の操作に戸惑うことのないよう、基本的な操作について理解しておきましょう。

✓ 広告の予算を設定する

　Facebook広告のコスト管理において基本となる設定です。「1日の予算（デイリー）」で設定するか、「通算予算（一定期間中の決められた予算）」を設定するか、いずれかの方法が選べます。

　なお、予算の下限は、デイリー、通算予算のいずれも100円となっています。デイリーは1日で、通算予算は決められた期間内に予算を消化できるように広告が配信されます（消化しきれない場合もあります）。

広告の料金と掲載期間を設定しよう

1日づつ予算を消化していく「デイリー」もしくは一定期間中の決められた予算を消化する「通算予算」のどちらかを選択します。

「開始日と終了日を設定」をクリックし、広告を表示する期間を任意で設定します。通算予算を選択した場合、1日あたりの予算消費額はバラバラとなり、ここで設定した期間内で予算全額が消化されるように調整されます。

✅ Facebook広告の課金方法

　必ず理解しておきたいのは課金の種類です。設定画面では「最適化」という項目名になっていますが、実質的に課金の種類を選択する画面になっています。

　Facebook広告には「CPM（Cost Per Mille）」と「CPC（Cost Per Crick）」の2種類の基本的な課金方法があります。

　CPMは、広告が1000回表示されることを1セットとして広告料が発生します。

　CPCは、広告がクリックされた場合のみ広告料が発生します。

　この2つに、設定したオーディエンスに対し1日1回まで広告を配信する「デイリーユニークリーチ」を加えた3種類となります。

53

Facebook広告の課金方法は、実質的にCPMとCPCの2種類ですが、広告表示の最適化と密接にリンクしているため、「ウェブサイトへの誘導-推奨」という項目で広告の表示方法とセットで選択することになります。

❶ ウェブサイトへの誘導-推奨
広告主のオーディエンス設定を基準に、Facebookが最適と思われるオーディエンスを選び出し（最適化）、自動的に広告を表示してくれる最適化配信となります。課金タイプはCPCタイプとなり、クリックされない限り広告費が発生することはありません。

❷ インプレッション（CPM）
①は、Facebookが広告を表示するオーディエンスを最適化して厳選してくれるのに対し、②は、広告主が行ったオーディエンスの設定通りに広告が表示されます。

❸ デイリーユニークリーチ
①と同じくCPMタイプの課金方法ですが、オーディエンスに対し、1日1回だけしか広告は表示されません。このため、より多くのオーディエンスに広告を表示できるチャンスがあるといえます。

> **memo**
> 2015年12月1日の時点で、最適化配信は課金タイプが決まっています。クリックに最適化する「ウェブサイトへの誘導-推奨」の場合、課金タイプは自動的にCPCタイプとなります。また、本書の6章で具体的に紹介する、コンバージョンへの最適化配信は、選択した時点で自動的にCPMタイプの課金方法が選択されることになります。
> 少し複雑ですが、A/Bテストはクリックに最適化するCPC課金、コンバージョンへの最適化配信はCPM課金と覚えておきましょう。

ただし、A/Bテストのために選択した「ウェブサイトのアクセスを増やす」広告では、クリックに最適化する配信を行えるのは①の「ウェブサイトへの誘導-推奨」のみです。このタイプは自動的に、クリックされない限り広告費も発生しない「CPC」タイプでの課金方法が選択されます（2015年12月現在）。

Facebook広告は、クリックとコンバージョンに最適化した広告を、いかに効率よく配信するかが重要なので、本書では「ウェブサイトへの誘導-推奨」を選択し、最初にA/Bテストを実施することをお勧めします。

本書では、A/Bテストを経てコンバージョンへの最適化配信による効果的なFacebook広告の活用法を紹介しますが、クリックへの最適化、コンバージョンへの最適化が行われるのは、最上部に表示される「推奨」と書かれたメニューのみです。

✓ 入札単価を決定する

広告の課金方法と最適化をセットで選択した後、広告の単価を設定します。これがFacebook広告の「入札」です。最低価格は1円です。ただし、低価格で入札した場合、それよりも高額な入札を行っている広告主の広告が優先的に表示され、予算を使い切ることができない場合も多くあります。また、前ページの画像で「最適化配信」を選択した場合は極端に低い金額を入札した場合、確実に配信されません。

入札時にはFacebookが「最適な入札額」を提示してくることがある

ので、最初はこの金額を目安にして入札をしてみましょう。なお、前ページで「推奨」と書かれた最適化配信を選択している場合、低い金額で入力しても、Facebookが「適正」と判断した入札価格に変更されてしまいます。最適化配信を選択する場合、入札金額はFacebookに一任すると考え、推奨された範囲の金額を入力しておくことをお勧めします。

広告主が入札価格を自由に決定できるのがFacebook広告の魅力です。ただし、ライバルたちの広告がより高値で入札されていれば、そちらの広告が優先的に表示されやすくなります。最初は、Facebookが提示する入札価格を目安に金額を決定してみましょう。

✓ 「1日の推定リーチ」を目安にする

　広告の料金と表示期間を設定する場合、オーディエンスの設定と同様にナビゲーションが表示されます。入力画面の右側に、「1日の推定リーチ」が表示され、入力した内容の結果、どのくらいのオーディエンスに広告が表示されるのかを概算で表示してくれます。広告の課金形態がCPMであれCPCであれ、予算の設定でどのくらい推定リーチが変化するのか、非常に参考になります。

　ただし、あまりにも低い金額で入札したり、極端に低い予算を設定したりすると、「1日の推定リーチ」は表示されません。この場合、出稿している広告の設定では表示されない確率がきわめて高いですので、予算や入札額などをあらためて見直しましょう。

推定リーチ数の変化は、入札金額や課金形態で大きく変化しますが、大切なのは、広告出稿で得られた結果です。推定リーチ数はあくまでも推定値であり、目安にすぎないので、過信しすぎないように注意しましょう。なお、「1日の推定リーチ」が表示されないと、広告も表示されることはないようです。出稿自体は可能でも、配信されません。

まとめ

- 広告の課金形態はCPMとCPCの2種類
- 最適化配信となる課金形態が重要
- 広告単価の入札額次第で、広告が表示される頻度は変化する。画面右側の「推定リーチ数」に注目

Chapter2 05 広告の素材を組み合わせて広告を作成しよう

出稿手続きの最後は広告そのものの作成です。あらかじめ用意しておいた画像とテキストは、この段階ではじめて組み合わせ、実際に広告として表示された際のイメージ（プレビュー）も確認できるようになります。

✓ 広告に掲載する画像の枚数を決める

　Facebook広告は、オーディエンスのニュースフィードに表示する際、複数の画像を掲載することが可能です。ニュースフィードに表示される友達の投稿と同様、自然なコンテンツのようにオーディエンスへ広告を表示するためです。ただし、掲載する画像の枚数が多ければ広告の効果が高まるかといえば、決してそんなことはありません。複数枚の画像を掲載する場合、オーディエンスにとってどんなメリットを提供できるのか、クリックしてもらうためにどれだけ有利に働くか、といった根拠が必要になるのです。

　また、広告の効果を検証する際にも、広告は画像を1枚だけ使って作

広告には複数の画像を表示できますが、最初は画像を1枚だけ使って作成することをお勧めします。

成したほうが正確な効果測定が可能になりますので、最初の広告に使う画像は1枚だけにとどめておきましょう。

> **memo**
> 動画広告は注目の出稿形態ですが、再生時間やタイミングの良い画面の切り替えなど、動画ならではのテクニックが必要となり、本格的な動画を用意するのは大変です。しかしA/Bテストで用意した優れた画像を使えば、静止画を連続して表示することで簡単かつ効果の見込める動画広告を自動で作成できます。6章の161ページより詳しく解説します。

広告で使用する画像のアップロード

❶ 画像をアップロードする

　広告に掲載する画像は「画像を掲載」をクリックして選択します。あらかじめパソコン上で用意しておいた画像をアップロードしてみましょう。なお、画像は6枚までアップロードでき、作成後はランダムに6枚の画像がバラバラで配信されますが、効果測定を効率よく行うため、本書では画像を「1枚だけ」使用して広告を作成することをお勧めします。複数の画像を使って用意する広告は、「カルーセル広告」と呼ばれています。詳細は6章の158ページより紹介しますが、カルーセル広告は、「A/Bテスト」によって選び抜いた優れた画像と見出しを使って作成するこ

「画像を掲載」をクリックします。

とで効果が高まります。

　もし、広告にふさわしそうな画像が見つからなかった場合は、「無料ストック画像」をクリックしてみましょう。無料の素材サイト「Shutterstock」からFacebook広告用の画像を選んで利用することができます。無料なので気軽に利用してみましょう。

「アップロード」をクリックすると、パソコン内にあらかじめ用意してある画像をアップロードできます。「ライブラリを閲覧」は、過去にFacebookへアップロードした画像の中から画像を選べます。「無料ストック画像」をクリックすると、無料の素材サイト「Shutterstock」からFacebook広告用の画像として利用できます。もちろん無料です。

✓ テキストをアップロードしてプレビューする

　画像がアップロードできたら、後は見出しと説明文のテキストを入力すればFacebook広告は完成です。あらかじめ用意しておいた見出しと説明文を指定された場所にコピー＆ペーストすれば、後は自動的に、画面右側に広告のプレビューが表示されます。

　なお、この段階までに、ログイン中のFacebookアカウントで「Facebookページ」を作成してない場合、ニュースフィードへ表示する広告のプレビューは表示されず、出稿後もニュースフィードには表示されま

せん。簡単に作成できますので、「Facebookページ」を作成してしまいましょう。

見出しと説明文をそれぞれ指定の場所に入力すれば、画面右側に広告のプレビューが表示されます。画像をアップロードしていない場合は、最初に入力したランディングページで表示されている画像を使って広告が作成されます。

ログイン中のアカウントでFacebookページを作成していないと、上記のように表示されます。クリックすればそのままFacebookページの作成が行えます。

> ✓ **作成した広告は必ず「アクティブ/非アクティブ」の管理を**

　すべての入力作業が終わったら、最後に「注文を確定」をクリックします。ここから先は、22ページで紹介している広告費支払いの手続きとなります。これで広告の作成は完了です。

　作成した広告がFacebookで認証されれば、ここで作成した広告はすぐにオーディエンスへと配信されますが、ひとまず広告を非アクティブ（46ページ参照）に設定しておき、次章で解説する「効果的な広告出稿の考え方」を参照してから広告をアクティブにしてください。

まとめ

- 用意しておいた見出し、説明文、画像を組み合わせれば広告は完成
- 事前にFacebookページを作成しておかないと、作成した広告がオーディエンスのニュースフィードに表示されないので注意
- 作成した広告はひとまず「非アクティブ」にしておくのがお勧め

Chapter 3

効果的な広告出稿の考え方

Chapter3 01 広告効果が向上するポイントを押さえよう

Facebook広告は、単に出稿しただけでは最良の結果はなかなか得られません。広告を配信しながら、何に注意して、どこを改善すればいいのか、この章で探っていきます。

✓ Facebook広告は反応次第で評価が変化する

　Facebook広告は時間の経過とともに、ターゲットの目は広告の画像やテキストに「慣れて」いきます。広告を見慣れて疎ましく感じたFacebookユーザーは、広告を「非表示」することがありますが、これは広告主にとってマイナスになります。

　Facebook広告は、広告そのものがクリックされたり、「いいね！」をクリックされたりした場合、Facebookからの評価が上がりますが、その反対に、「非表示」されたり、スパムとして報告されたりした場合、評価が下がります。その結果、ターゲットへの露出が減ったり、広告単価が高くなったりする場合があるので、Facebook広告を効果的に利用する場合、いかに好意的にクリックされ、Facebookからの評価を高めるか、配信の仕組みをしっかりと理解することが重要になります。

Facebook広告には、広告を非表示にできるボタンがあります。Facebookのユーザーが広告を非表示にすると、その広告の評価は下がり、広告単価や表示頻度に大きく影響します。

✓ 管理の仕組みをより正確に理解することが大切

　Facebook広告をより効果的に利用するには、仕組みをより正確に理解することも欠かせません。広告を管理する「広告マネージャ」を開いた際、Facebook広告全体がどのような構造になっているのかを知っておくことが効率化を目指すうえで非常に大切になってきます。配信の方法、構造と管理の方法がわずかに違うだけで、広告への反応は激変してしまうからです。

　また、配信した広告結果のうち、どの指標をチェックし、どのように改善すればいいのかも知っておく必要があります。この章では、広告を管理するための専用ページ「広告マネージャ」の画面を用いて解説していきます。

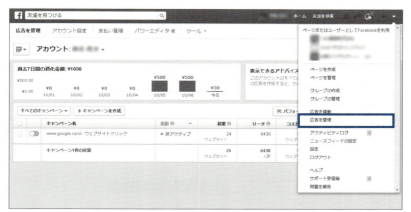

Facebook広告の管理に欠かせない「広告マネージャ」の画面です。2章で広告を作成して以降は、画面右側にある「広告マネージャ」をクリックすればすぐに表示できます。

✓ Facebook広告の大きなポイントは4つ

❶ Facebook広告の構造

　Facebook広告で最大の効果を得るためには、具体的な施策もさることながら、まず「広告の構成要素」を理解する必要があります。

Facebook広告は「キャンペーン」「広告セット」「広告(クリエイティブ)」という3つの階層から成り立っており、それぞれの特性を理解しておくことで、広告がどのように配信され、得られた成績にどのような意味が含まれているのかが把握できるようになります。

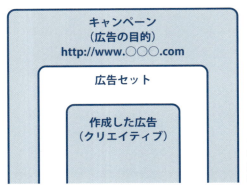

「キャンペーン」「広告セット」「広告(クリエイティブ)」それぞれの階層で行える設定は、Facebook広告の配信結果に大きな影響を与えます。

❷ 広告マネージャの使いこなし

　Facebook広告を作成することではじめて表示できるようになる「広告マネージャ」は、Facebook広告を管理するために欠かせません。機能はシンプルで、必要な操作は本書を通読することでほぼ理解できますが、機能よりも重要なのは「Facebook広告の構成との関連」です。構

Facebook広告の「キャンペーン」「広告セット」「広告(クリエイティブ)」ごとに画面を切り替えられる広告マネージャ。Facebook広告の階層構造と画面の切り替え方はセットで覚える必要があります。

成要素である「キャンペーン」「広告セット」「広告（クリエイティブ）」ごとに表示画面を切り替えることができますが、この画面の切り替え方こそ、広告マネージャで理解しておきたいもっとも重要な機能といえます。本書では74ページから紹介しています。

❸ Facebook広告の質と単価に影響する「関連度スコア」

　Facebook広告が、ターゲットにどのような印象を与えているかを推し量れるのが「関連度スコア」という指標です。非常に優れた成果を出しているFacebook広告の成績が突然下落したら、この関連度スコアを真っ先にチェックする必要があります。Facebook広告の質と単価に大きく影響する、非常に重要な指標です。

Facebook広告のクリックやコンバージョンなどの成果は、関連度スコアによって下支えされています。

❹ 勘違いしやすいFacebook広告の「ターゲティング」

　Facebook広告は、Facebookのユーザーが登録した個人情報を元にターゲットを絞り込みますが、ターゲットを絞り込みすぎると、広告を表示する機会が激減します。そして、絞り込んだターゲットは広告をクリックしやすいかといえば、それほどの期待をかけられないのです。趣味や職業などでターゲットを絞り込むのではなく、「年齢」と「性別」だけでターゲットをセグメントし、どの層にどれだけ広告を配信するかが、Facebook広告では重要になります。

オーディエンスの設定では、ターゲットを細かく指定できますが、細かい設定はクリックされる機会をわざわざ減らす行為でもあります。本書で利用するターゲティングは、基本的に「年齢」と「性別」のみです。

✅ すべてを駆使して「最適化配信」をマスターする

　Facebook広告において重要な4つのポイントをすべて理解した後、取り組むべきなのが「コンバージョンへの最適化配信」です。Facebook広告の作成時、3種類の課金タイプから出稿形態を選択できましたが、この際に用意されている「最適化配信」をいかに効果的に利用するかが、Facebook広告の最重要ポイントとなります。

　ただし、コンバージョンへの最適化配信を駆使して効果を得るためには、すでに紹介した「重要な4つのポイント」をしっかり理解し、さら

課金タイプ（配信タイプの設定を兼ねている）を選択する際に選べる、「推奨」と書かれた最適化配信。この広告をどれだけ効果的に利用できるかが、Facebook広告で成果を出す最大のポイントとなります。

にA/Bテストによる、画像と見出しの選別作業を行う必要があるのです。

　この章では、Facebook広告で効果を得るために重要となる4つのポイントについて解説し、さらに、その4つのポイントの集大成とも呼べる「最適化配信」について解説していきます。

　なお、コンバージョンへの最適化配信を成功させるには、「クリックへの最適化配信」を利用したA/Bテストを実施することが最善の方法といえます。4章以降で解説するA/Bテスト、コンバージョンへの最適化配信の実践方法をよりよく理解するためにも、この章でしっかりと、Facebook広告の重要なポイントを押さえておきましょう。

> **まとめ**
> - **Facebook広告への反応を高めることが大切。そのための施策を理解する**
> - **Facebook広告の構造と、配信の仕組みを、広告マネージャを通じて理解する**
> - **効果的な広告出稿に必要な4つの重要ポイントがある**
> - **4つの重要なポイントを正しく理解してから「コンバージョンへの最適化配信」に挑戦する**

Chapter3 02 キャンペーンとその構造を理解しよう

Facebook広告は、複数の広告を同時に出稿し、効果を比較しながら広告要素を検証することが非常に重要です。その際に必ず理解しておく必要があるのが「キャンペーン」です。

✓ Facebook広告の「キャンペーン」とは？

　Facebook広告のキャンペーンとは、Facebook広告を構成する最大の単位であると同時に、Facebook広告の管理の方法でもあります。

　複数のFacebook広告を出稿し、どの広告が効果が高いのかを比較して検証する場合、広告の出稿条件が同一になっている必要がありますが、これにはキャンペーンの構造を理解し、同一条件で複数の広告を出稿することが重要になります。

　また、数十種類のFacebook広告を出稿するようになった場合、広告の構造を知らないと、管理が行き届かず、無駄な広告費を支払い続けてしまうという事態に陥りかねません。

　そこでまず、キャンペーンの構造を理解しましょう。Facebook広告の構造は、次のようになっています。

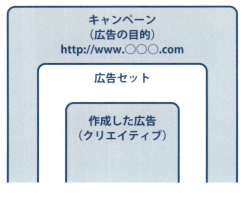

最初に作成したFacebook広告が、キャンペーン内でどのように保存されているかを表した図です。2章で作成したFacebook広告は、まさしくこの状態で保存されています。

✅ キャンペーン全体の階層構造を理解する

　Facebook広告を管理するもっとも大きな枠組みであるキャンペーンとは、「広告の目的」と考えると理解しやすくなります。つまり、「どのランディングページに誘導するか」によって、キャンペーンは区別することができるのです。

　Facebook広告の作成時に行った、広告の誘導先となるランディングページのURLを入力する作業が、キャンペーンの作成です。

　下図を見ると、キャンペーンのすぐ内側に、「広告セット」があり、さらにその内側に「クリエイティブ」という枠組みがあるのがわかります。順番にこれらの枠組みを検証していきましょう。

Facebook広告を最初に作成する際に表示される選択肢は、すべて「キャンペーンの種類」です。URLを入力することで、Facebook広告を管理するもっとも大きな枠組みである「キャンペーン」の作成が始まることになります。

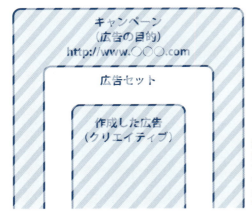

該当するURLをランディングページとするFacebook広告は、すべてキャンペーン内で管理することができます。キャンペーンを「オフ」にすれば、キャンペーン内にあるあらゆる機能は非アクティブになります。

✅「広告セット」を理解する

　キャンペーンを作成した後、オーディエンスや予算、入札条件を設定しました。この条件の枠組みが「広告セット」です。

　「http://www.○○○.com」というランディングページへターゲットを誘導する場合、最初に作成した広告とは異なる予算、異なるターゲティングで広告を出稿したくなるケースが必ず出てくると思います。この場合、同じキャンペーン内で広告セットを作成し、最初に作成した広告とはまったく異なる条件で、同じランディングページへ集客する広告を出稿することが可能です。

キャンペーン内で予算と入札の条件、オーディエンスの設定を行ったのが「広告セット」です。

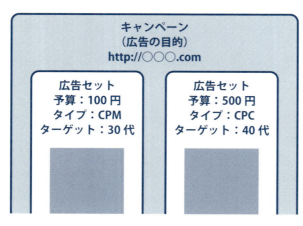

キャンペーン内で広告の出稿条件を設定できるのが広告セットです。同じランディングページへ、異なる条件で広告を出稿したい場合、キャンペーン内で別の広告セットを作成することで簡単に広告を出稿することができます。

✅「広告」を理解する

「キャンペーン」のすぐ内側にあるのが「広告セット」ですが、その広告セットのさらに内側にあるのが、「広告」です。

そして広告を構成する画像やテキストは「クリエイティブ」と呼ばれています。広告セットでオーディエンスや予算などを決定した後、まったく同じ条件で異なる画像やテキストの広告を出稿する場合、広告セットの内側で広告を複製することで、同じ条件で画像やテキストが異なる広告を出稿することができます。

広告の構成要素である、画像とテキストの部分が「クリエイティブ」です。

「広告」の部分は、Facebook広告の最小の構成要素であり、です。画像やテキストなど、広告そのものの部分を指します。「広告セット」内であれば、オーディエンスや予算などまったく同じ条件で、別の広告を作成して出稿することが可能になります。

> **まとめ**
> - Facebook広告は「キャンペーン」「広告セット」「広告」という3階層で成り立っている
> - Facebook広告の階層構造を理解しないと、効果的な広告出稿は難しい
> - 1～2種類の広告を出稿するだけなら、階層構造は特に理解しなくてもOK

Chapter3 03 広告マネージャで Facebook広告を管理しよう

Facebook広告を管理するための専用ページ「広告マネージャ」は、効率よくFacebook広告を管理するために欠かせません。また、Facebook広告の独特な階層構造の理解にも非常に役立ちます。

✓ 広告マネージャとは？

「広告マネージャ」は、Facebook広告の管理ツールです。画面右側にある「広告マネージャ」をクリックすることで、Facebookにログイン中、いつでも専用ページを表示することができます。広告マネージャでは、作成した広告がどのくらいのクリックを集めているか、広告が表示されたFacebookユーザーは何人かなど、配信結果のもっとも基本的な情報をすぐに確認できます。不要になった広告の削除や、広告の新規作成なども自由自在です。

また、広告マネージャは、Facebook広告の構造にしたがって各ページが構成されているのが特徴です。そのため、広告マネージャの理解がFacebook広告の階層構造を知ることにつながります。

✓ 広告マネージャでFacebook広告の階層構造を理解する

まずは、前節の続きとなる階層構造について、広告マネージャ上で確認してみましょう。

❶ 広告マネージャで「キャンペーン」をチェックする

広告マネージャのトップページは「アカウント」という名前で、アカウント内で管理する全広告を合計したパフォーマンスが表示されています。ここで「すべてのキャンペーン」をクリックしてキャンペーンの一覧を表示できます。キャンペーン名をクリックすれば、キャンペーン内

広告マネージャでFacebook広告を管理しよう

のすべての広告セットが表示されます。

「すべてのキャンペーン」をクリックして表示されたキャンペーンの一覧ページです。さらに表示されたキャンペーン名をクリックします。

❷ 広告マネージャで「広告セット」をチェックする

　キャンペーン内で作成されたすべての広告セットが表示されます。本書の2章では、1つのアカウント内で1種類の広告セットを作成しているので、ここでは広告セットが1つだけ表示されているのがわかります。この広告セット名をクリックすると、広告セット内にある広告そのもの（クリエイティブ＝画像とテキストの部分）が表示されます。

キャンペーン内に作成してあるすべての広告セットが表示されます。さらに表示された広告セット名をクリックします。

75

❸ 広告マネージャで「広告」をチェックする

　キャンペーン内の最深部となる、広告そのものを管理するページです。Facebookユーザーに表示された広告がどのようなパフォーマンスを発揮しているか、個別に確認できます。なお、①、②、③それぞれの画面は、前節で紹介した構造にたとえると下図の部分に該当します。

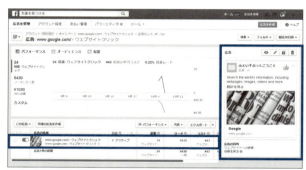

広告セット内の広告がすべて表示されました。

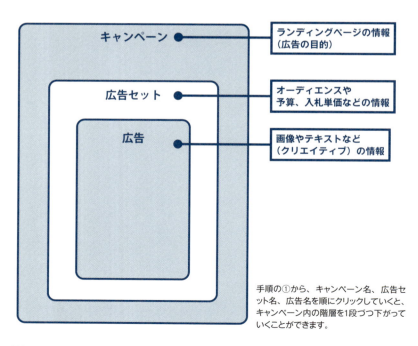

ランディングページの情報
（広告の目的）

オーディエンスや
予算、入札単価などの情報

画像やテキストなど
（クリエイティブ）の情報

手順の①から、キャンペーン名、広告セット名、広告名を順にクリックしていくと、キャンペーン内の階層を1段づつ下がっていくことができます。

✓ すべてのキャンペーン、広告セット、広告を表示できる

　キャンペーンの構造にこだわらず、アカウント内で管理しているすべてのキャンペーン、広告セット、広告を確認するには、トップページである「アカウント」にあるプルダウンメニューを使うと便利です。「すべてのキャンペーン」「すべての広告セット」「すべての広告」をそれぞれクリックすれば、アカウント内にそれぞれの要素がすべて、横断的に一覧表示されます。ただし、混乱しやすいので使い分けをしっかり行いましょう。

［広告を管理］→［すべてのキャンペーン］の順にクリックすると、「すべての広告セット」「すべての広告」が表示されます。クリックすれば、アカウント内のそれぞれの要素がすべて表示されます。

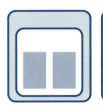

階層的にチェックするならキャンペーン名をクリック

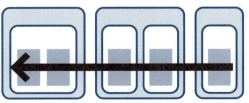

横断的にチェックするならトップページのプルダウンメニューが便利

✅ 広告マネージャで広告を作成する

広告マネージャで新たな広告を作成する場合、画面右上にある「広告を作成」をクリックすると、新規の広告をキャンペーンから作成することができます。ただし、すでに作成してあるキャンペーンや広告セット、広告の名称にマウスカーソルを合わせると、編集ボタンが表示されます。このメニューから作成すると、既存のキャンペーンや広告セットと同じ条件をコピーして広告を作成することができます。

マウスオーバーで表示されるアイコンをクリックすれば、既存のキャンペーンや広告セット、広告の条件を編集することができます。複製も簡単です。また、広告の新規作成ボタンは、広告マネージャ内のすべてのページの右上に表示されています。

まとめ

- 広告マネージャは「キャンペーン」「広告セット」「広告」ごとの画面に切り替えられる
- 広告の新規作成や既存の広告の複製は広告マネージャで行う

関連度スコアを理解しよう

Facebook広告を使いこなすために必要な知識の1つに「関連度スコア」というものがあります。

✓ 関連度スコアとは？

　Facebook広告の関連度スコアとは、広告を表示したFacebookユーザーからの反応を数値化した重要な指標です。10段階評価で表され、最低スコアは1、最高スコアは10です。

　関連度スコアは、広告を見たFacebookユーザーの好意的な反応によって高くなります。広告を見たFacebookユーザーが実際に広告をクリックしたり、広告に表示されている「いいね！」をクリックしたりすると、関連度スコアの数値は高くなります。

　反対に、広告を削除したり、スパムとして通報されたりすると、関連度スコアは低減します。

　なお、関連度スコアは、1つの広告のインプレッション数（表示された回数）が500回以上になってから表示します。ですので、ターゲットを絞り込むためにオーディエンスの設定を細かくしすぎたり、広告単価を低く設定したりすると、なかなか500回のインプレッションを達成できません。

✓ ライバルよりも広告が表示される頻度が高くなる

　関連度スコアが重要視される理由の1つに、「広告の表示頻度が高くなる」というものがあります。関連度スコアが高い広告は、関連度スコアが低い広告よりも、表示される機会が多くなるのです。これは、Facebookが広告を「コンテンツ」と捉えていることに理由があります。

Facebookユーザーから好意的に受け止められた広告は優良なコンテンツとして、より多く、より優先的に表示されます。

反対に、削除や通報の対象となった広告は、表示される頻度がはっきりと減少します。このため、ネガティブな反応をされないよう、挑発的な見出しなどは注意が必要です。1章で解説した広告表示のルールも厳守してください。

✅ 広告が安くなる

もう1つ、関連度スコアが重要視される理由に「配信単価が安くなる」が挙げられます。Facebook広告は、出稿する際に広告主が入札単価を設定しますが、広告を出稿後、関連度スコアが高い広告は、配信単価が下がる傾向があるのです。

入札単価×関連度スコア ＝配信単価

関連度スコアの値は1～10までの10段階で、1よりも10の方が配信単価は安くなります。実際にどのような数値が代入されるのかは公表されていません。

配信単価が安くなるというのは、具体的にいうと、広告主が入札した金額よりも、さらに安い価格で配信される、ということです。継続してFacebook広告を利用する場合などは、より高い関連度スコアを獲得し続けることがひときわ重要となってきます。

✅ 関連度スコアは広告レポートで確認する

関連度スコアの確認はすでに解説した通り、500回以上のインプレッション（広告としての表示回数）に達していない広告には、関連度スコアは付与されません。

✅ 関連度スコアを表示する

❶［列：パフォーマンス］をクリックする

　関連度スコアをチェックしたい広告を表示した状態で、［列：パフォーマンス］をクリックします。関連度スコアは、キャンペーンや広告セットを表示した画面では表示されません。必ず、チェックしたい広告（クリエイティブ）の画面を表示して行います。

　また、関連度スコアをチェックする方法は、116ページ以降で紹介する「指標を固定表示する」で再び使うことになります。

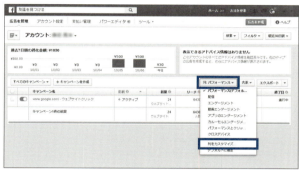

広告マネージャの画面右側にある［列：パフォーマンス］をクリックし、表示されたメニューの中から［列をカスタマイズ］をクリックします。

❷ 関連度スコアを選択する

　画面中央にある選択肢はすべて、Facebook広告の結果を数値化するための「指標」です。チェックを入れて選択することで、広告マネージャ上のテーブルに指標として表示することができます。［関連度スコア］にチェックを入れ、［実行］をクリックします。

［関連度スコア］にチェックを入れて［実行］をクリックします。

❸ 関連度スコアが表示される

　テーブルの上段に表示される指標の中に、「関連度スコア」が追加されました。この指標は、キャンペーンや広告セットの画面では表示されないので、操作がうまくいかない場合は広告を表示しながら再度操作してください。

広告の階層の最下層にある広告のパフォーマンスをチェックすると、項目に「関連度スコア」が追加され、10段階の評価がスコアリングされました。このスコアが高ければ高いほど、Facebook広告は有利に配信できます。

関連度スコアを理解しよう

✓ 関連度スコアは「広告」のページで確認する

　広告マネージャ上の情報は、「キャンペーン」「広告セット」「広告」の3階層に分かれて表示されますが、関連度スコアが表示されるのは「広告」の階層だけです。指標を設定した後でも、「キャンペーン」「広告セット」の階層では関連度スコアの数値を確認できません。

指標を設定した後、関連度スコアを確認するだけであれば、[すべての広告]を選択して広告を表示します。これで関連度スコアが確認できるようになります。

関連度スコアを表示するために表示した列のカスタマイズ画面には、関連度スコア以外にも数多くの指標が表示されています。これらの指標は、まとめて保存しておけます。123ページ以降で、必要な指標をすべて保存し、ワンクリックですべて表示する方法を紹介しています。

まとめ

- 関連度スコアとは、Facebookが下す広告への評価
- 関連度スコアはクリックや「いいね！」で高くなり、削除や違反報告で低くなる
- 関連度スコアが高いと、配信単価が安くなり、広告の表示頻度もアップする
- 関連度スコアが付与されるのは、500インプレッションに達した広告のみ

Chapter3 05 ターゲティングは絞り込みすぎると失敗する

Facebook広告はユーザーの属性でさまざまな絞り込みができますが、絞り込みすぎに注意してください。

✅ リスティング広告と同じ感覚で絞り込むと失敗する

　実は、Facebook広告の場合、リスティング広告のようにターゲット層を細かく絞り込んでいくのは必ずしも得策ではありません。なぜなら、Facebook広告を見て、クリックするターゲットは、広告を見た段階で「自分の欲求に気づいていない」ことが圧倒的に多いからです。

　1章で解説しましたが、魅力的な商品の画像とキャッチーな見出し、説明文を用意してターゲットに広告を表示しても、その広告を見た瞬間、「欲しい！」「自分に必要だ！」と思ってもらえることはなかなかありません。これは、オーディエンスの設定でどれだけターゲットを絞り込んだとしても変わりません。リスティング広告のように、欲求が明確になっているターゲットだけに表示できないからです。

✅ Facebookユーザーはすべての情報を入力していない

　もう1つ、Facebookユーザーがすべての情報を入力していないことも、ターゲティングを絞り込みすぎないほうがいい理由として挙げられます。

　Facebookのアカウントには、じつにさまざまな情報を入力できますが、こまめにすべて入力しているユーザーはあまりいません。その結果、あまりに細かくターゲティングしてしまうと、広告の配信数が著しく落ちてしまうのです。オーディエンスの設定時に表示されるメーターの動きを見れば一目瞭然です。

また、細かくターゲティングした結果、ピッタリあてはまるターゲットに広告を表示できても、「自分に必要だ！」とすぐに購買意欲をかきたてることができるかどうかはわからないのです。

✅ Facebook広告は「年齢」と「性別」だけで絞り込める

そのため、Facebook広告で配信数を伸ばしつつ、ランディングページにアクセスを誘導するには、「年齢」「性別」でターゲットを絞り込んでいくことをお勧めします。Facebook広告には、趣味や職業など、ターゲットをセグメントする要素が豊富にあり、ついつい使いたくなりますが、これらの条件で絞り込んでしまえば、それだけ広告を表示する回数を少なくしてしまうことになります。そして、絞り込んだはずのターゲットは広告をクリックしやすいかといえば、決してそんなことはないのは、すでに1章で紹介した通りです。

「年齢」と「性別」を使って、どうやってターゲットを選定していくのかは、5章のA/Bテストの実施方法で詳細に解説します。

条件を細かく設定すればするほど、予想配信数は減っていき、実際に配信数も減ることになります。

✅ ローカルビジネスの場合は「地域」を追加する

　リアル店舗への集客など、ローカルビジネスでFacebook広告を利用する場合は、「年齢」と「性別」以外に「地域」も加えてターゲティングしましょう。Facebookユーザーにとって、住所の入力は必須事項ではありませんが、Facebookはユーザーがインターネットに接続する際のIPやチェックインなどから、大まかな位置情報を判別しています。地域を使ってターゲティングを行えば、自社の商圏以内で行動しているターゲットに広告表示を絞り込むことができ、結果的に広告費を抑えることができます。

ローカルビジネスがインターネット上で集客する場合、地域によるターゲティングは必要不可欠です。無駄な予算を消化しないためにも、必ず設定してください。

> **memo**
> 年齢と性別だけでターゲティングを行うことに「物足りなさ」を覚えると思いますが、リスティング広告をはじめとする主流のウェブ広告では、年齢と性別でターゲットを絞り込むことができません。Facebook広告は数千万人を相手に年齢と性別で絞って広告表示できるのですから、充分に有効です。

✓ 「年齢」と「性別」以外のターゲティング

　Facebook広告で行う主要なターゲティングは「年齢」と「性別」とお伝えしましたが、この2つ以外にも、効果的なターゲティング手法があります。本書の6章で紹介している「時間帯指定配信」と「カスタムオーディエンス」です。

　時間帯指定配信は、ターゲットとなるFacebookユーザーがFacebookにログインしているであろう時間帯を狙い撃ちして広告を配信する手法です。

　また、カスタムオーディエンスは、自社で所有している、メールアドレスや電話番号などの「リスト」を使い、リストに対して広告を配信する、またはリストに対して広告を配信しない、という戦略的なターゲティングが可能となる手法です。

　この2つのターゲティングは、すぐにでも広告配信に活用できますが、6章の冒頭で紹介する「コンバージョンへの最適化配信」と組み合わせて利用することで、さらなる効果を発揮します。

まとめ

- 確実にターゲティングできるのは「年齢」と「性別」のみ
- ローカルビジネスの場合は「地域」も加えて絞り込むことで、商圏にいるターゲットだけを狙い撃ちできる

Chapter3 06 「最適化配信」を理解しよう

本章ではここまで、Facebook広告を自在に活用するための重要なポイントを紹介してきましたが、それら重要ポイントをすべて駆使して実施するのがFacebook広告の「最適化配信」です。

✅ Facebook広告の「最適化配信」とは？

「最適化配信」とは、Facebook独自のアルゴリズムを使った広告配信です。

公式には発表されていませんが、Facebookは、Facebookユーザーがサービス内で行ったアクションを統計データとしてすべて収集していると考えられています。そして、「推奨」と表示された最適化配信のメニューを選択した広告に対し、やや高めの配信単価で、より成果を得やすいFacebookユーザーに広告を表示します。

つまりFacebook広告の最適化配信とは、Facebookの統計データに基づいた「優良顧客」に向けて広告を配信できるメニューなのです。

✅ 2種類の最適化配信を活用するには？

Facebookは、過去の広告配信によって蓄積されたデータの中から多様なデータを蓄積していますが、本書で利用することになる最適化配信は、「広告をクリックしてくれやすいFacebookユーザーに向けて最適化する」メニューと、「コンバージョンしやすいFacebookユーザーにむけて最適化する」メニューの2つです。

❶ クリックに最適化する方法

Facebook広告を作成する最初の手順で、「ウェブサイトへのアクセスを増やす」を選択します。このメニューを選択し、課金タイプで「ウ

「最適化配信」を理解しよう

ェブサイトへの誘導-推奨」を選択すると、広告をクリックしやすいターゲットに向けて効率よく広告を配信できるようになります。本書で紹介する「A/Bテスト」は、このクリックに最適化したターゲット層に対し、クリックされない限り広告費が発生しないCPCタイプの広告で実施することになります。

「ウェブサイトへのアクセスを増やす」を選択し、課金タイプを「ウェブサイトへの誘導-推奨」を選択すれば、クリックに最適化したターゲットに広告を配信できるようになります。

❷ コンバージョンに最適化する方法

　Facebook広告を作成する最初の手順で、「ウェブサイトへのコンバージョンを増やす」を選択します。このメニューを選択し、課金タイプで「コンバージョン-推奨」を選択すると、コンバージョンしやすいターゲットに向けて効率よく広告を配信できるようになります。本書で

「ウェブサイトへのコンバージョンを増やす」を選択し、課金タイプを「コンバージョン-推奨」を選択すれば、コンバージョンに最適化したターゲットに広告を配信できるようになります。

紹介する「A/Bテスト」は、このクリックに最適化したターゲット層に対して実施することになります。

✅ 最適化配信を効率よく行うには実績が必要

❶「実績」がないと最適化されない

　Facebook広告の最適化配信は、よくクリックされる広告や、コンバージョンの実績を増やすことでさらに効果が大きくなりやすいのです。特に「コンバージョン」に最適化する広告配信は、コンバージョンを獲得したことのないアカウントを使って出稿しても、ほとんど効果は得られません。なぜなら、ターゲットを最適化するための材料である、過去の実績（コンバージョン）がないからです。

❷「実績」を効果的に集める

　最適化配信は、コンバージョンの実績と配信の結果を元に、コンバージョンしそうなユーザーを探して配信をしていきます。

　コンバージョンの実績がない場合、Facebookはまず一部のユーザーたちに配信して様子を見ます。次に、最初に配信したユーザーとは異なる属性を持ったユーザーたちへ広告を配信し、さらに反応を見ます。これを繰り返しながら、最適化の精度を高めていきます。課金はCPMでの課金となりますので、まずはクリックされない限り広告費が発生しないCPCでコンバージョンの実績を積むことをお勧めしています。

✅ まずはA/Bテストから実施する

　クリックに最適化する場合、最初から最適化配信を利用してもすぐに効果が見込めるようになります。これは、配信直後からすぐにクリックが発生し、そのクリックを元にリアルタイムで最適化されるからです。

　コンバージョンの最適化も、最初から利用してすぐにコンバージョンをいくつも獲得できれば、配信しながらどんどん最適化され、よりコン

バージョンしやすいターゲットに広告が表示されていきますが、クリックと違い、コンバージョンはそれほど簡単に獲得できません。そのため、最初はA/Bテストで画像と見出しの効果を見極め、年齢と性別ごとにターゲット層を見極め、さらにコンバージョンを獲得してから最適化配信を利用するのがベストなのです。

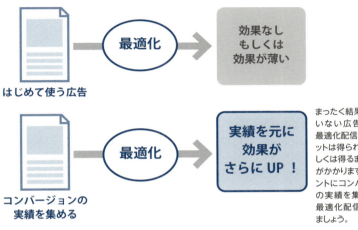

まったく結果を出していない広告の場合、最適化配信によるメリットは得られない、もしくは得るまでに時間がかかります。アカウントにコンバージョンの実績を集めてから最適化配信を利用しましょう。

✅ A/Bテストで画像と見出しを厳選する

　Facebook広告の最適化配信で最大の効果を得るために、本書では4章でA/Bテストを準備し、5章でA/Bテストを実施していきます。A/Bテストを実施することによって、テストの反応から優れた画像と見出しを選び出していきますが、それと同時に、「コンバージョンを得る」ことが非常に大切になってきます。

　最終的にコンバージョンの最適化配信で最大の効果を得るために、A/Bテストで画像と見出しを厳選しつつ、コンバージョンを獲得してから最適化配信に取り組んでいきます。本書では4章でA/Bテストの準備、5章でA/Bテストを実践し、6章で最適化配信に取り組んでいきます。また6章では、最適化配信以外に、A/Bテストの結果を利用して実践できる、効果的な広告配信の方法も紹介していきます。

✅ A/Bテストには「4つの重要ポイント」すべてが必要

　本書で紹介するFacebook広告のA/Bテストは、効果を見極めたい画像と見出しを使った2種類以上の広告を比較しながら広告配信する方法ですが、このA/Bテストを準備するには、3章で紹介してきた重要な4つのポイントすべてを理解しておく必要があります。特に広告の構造と、広告マネージャの関連性を把握していないと、広告セットを作成するのにてまどってしまいますので、A/Bテストを準備する前に3章の内容を充分に把握しておきましょう。

> **まとめ**
> - Facebook広告の最適化配信は、Facebookの優良顧客（クリックやコンバージョンしやすいユーザー）へ向けて優先的に配信される
> - 最適化配信を効率よく利用するためには、最適化の材料となる実績（コンバージョン）が広告アカウント自体に備わっている必要がある
> - 最適化配信のためにA/Bテストで優れた画像と見出しを選び抜き、コンバージョンを獲得して実績を得ておく
> - キャンペーンの構造や特性などを理解しておくことが大切

Chapter 4

効果的な広告出稿の準備

Chapter4 01 A/Bテストを準備しよう

「最適化配信」に必要な広告の実績を獲得し、効果の高い広告を見極めるために、A/Bテストを実施しましょう。

✓ 効果的な広告を出稿する戦略「A/Bテスト」とは

　Facebook広告の理想的な活用は、「最適化配信」を利用し、よりコンバージョンしやすいターゲットに広告を配信することだと前章の最後に解説しましたが、そのために欠かせないのが、クリエイティブ（画像と見出し）の「A/Bテスト」です。

　一般的にA/Bテストとは、2つ以上の異なるパターンを比較し、どちらが効果が高いかを見極めるテストのことを指しますが、本書で実施するA/Bテストの場合、2種類の画像と2種類の見出しを比較して実施します。2種類の画像と2種類の見出しを組み合わせ、合計で4種類の広告を作成し、どの組み合わせの広告がもっとも効果が高いかを見極めていきます。

2種類の画像と2種類の見出しの組み合わせで、どの要素が効果が高いのか、常に最適な要素の組み合わせを比較し続けていきます。

✅ A/Bテストを実施する2つの目的

❶ コンバージョンを獲得する

　A/Bテストを実施する目的は2つあります。まず、A/Bテストで使用した広告で、実際に「コンバージョン」を稼ぎます。これはA/Bテストのもっとも重要な目的です。なぜなら、コンバージョンを獲得しないと、広告配信の理想である「コンバージョンへの最適化配信」を実施する際、最適化の材料となるコンバージョン実績がなく、最適化がされないからです。

　「テスト」と名がついていますが、実際には、広告費を支払って複数の広告を配信し、コンバージョンの獲得を目指す本番のマーケティングなのです。

❷ 効果のある画像と見出しを見極める

　もう1つ、A/Bテストの重要な目的は、効果の高い画像と見出しを見極めることにあります。

　実際にコンバージョンを獲得すると、クリック率やCPC（クリック単価）、コンバージョン単価など、配信した広告に対するターゲットの反応に「価値」が出てきます。こうした価値のある指標の数値を比較・検討し、どの画像が優れているか、どの見出しがコンバージョンにつながったのかを見極めます。

　コンバージョンを獲得しないと、どんなにクリックされても、どれだけ関連度スコア（79ページ参照）が高くても、手放しでは喜べません。こうした指標の数値は、コンバージョンを獲得してこそ意味を持ってくるからです。

✅ コンバージョンを計測するための準備をする

　また、広告からランディングページへとアクセスを誘導した結果、そのアクセスがコンバージョンに結びついたかどうかを確認することも非

常に重要です。ただし、コンバージョンに結びついたかどうかを調べるには、「コンバージョントラッキング」を設定する必要があります。

コンバージョントラッキングとは、コンバージョン後にしか表示されない「サンクスページ」のHTMLにピクセルコードを設置し、サンクスページが表示されるたびに「コンバージョンを獲得した」と計測できる仕組みです。本書では、コンバージョントラッキングを利用し、Facebook広告を出稿する最終目的である「コンバージョンの獲得」まで計測できるA/Bテストを紹介します。

```
<!-- Facebook Pixel Code -->
<script>
!function(f,b,e,v,n,t,s){if(f.fbq)return;n=f.fbq=function(){n.callMethod?
n.callMethod.apply(n,arguments):n.queue.push(arguments)};if(!f._fbq)f._fbq=n;
n.push=n;n.loaded=!0;n.version='2.0';n.queue=[];t=b.createElement(e);t.async=!0;
t.src=v;s=b.getElementsByTagName(e)[0];s.parentNode.insertBefore(t,s)}(window,
document,'script','//connect.facebook.net/en_US/fbevents.js');

fbq('init', '1486716828240036');
fbq('track', "PageView");</script>

<noscript><img height="1" width="1" style="display:none"
src="https://www.facebook.com/tr?id=●●●●●●●●●●●●●●●=PageView&noscript=1"
/></noscript>
<!-- End Facebook Pixel Code -->
```

コンバージョンを計測するには、トラッキングコードを作成し、コンバージョンを計測するサイトのHTMLに貼付する必要があります。

✓ 指標を用意していつでも呼び出せる準備をしておく

　Facebook広告の効果を計測して見極めるには、コンバージョンの計測と同時に、クリックされた回数や広告の表示回数なども同時に調べる必要がありますが、これらの数値は、広告マネージャに表示されているテーブル上に「指標」を設置することで確認できるようになります。3章で紹介した関連度スコアも指標の1つです。

　本書ではA/Bテストの効果測定に必要な指標をすべて表示した後、指標の画面を固定していつでも呼び出せるようにカスタマイズする方法を紹介します。

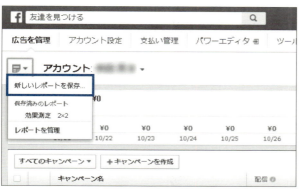

テーブル上に表示した広告と各指標は、「レポート」にまとめることでいつでも瞬時に表示できるようになります。116ページから詳しく解説します。

> **まとめ**
>
> - A/Bテストはテストでありつつ、本番のマーケティングでもある
> - A/Bテストで、最適化配信に必要なコンバージョンの実績を獲得しつつ、優れた画像と見出しを見極めていく
> - コンバージョンを計測するには、専用のピクセルコードを用意し、計測したいサイトのHTML内に貼付しておく必要がある
> - 広告の効果を測るための各種指標を用意し、それらをすべてレポートしておくことで、広告や指標をいちいち表示する手間を省くことができる

Chapter4 02 複数の広告素材を用意しよう

A/Bテストの第一歩は素材の準備です。Facebook広告の構成要素（クリエイティブ）の中で、コンバージョンに大きく影響する画像と見出しを複数用意して準備しましょう。

✓ 2種類の画像と2種類の見出しを組み合わせる

　Facebook広告の画像とテキストは、決定的といえるような選び方の目安がありません。リスティング広告の場合、「キーワード」という絶対的な目安がありますが、Facebook広告の場合は、あまり商品と関連性のないような画像でも高い効果を発揮することもあるのです。

　そこでFacebook広告では、広告素材を比較しながら、より良い素材を選び抜く方法がセオリーとなっています。その手段となるのがA/Bテストです。

　まずは、2種類の画像と、2種類の見出しを用意してみましょう。それぞれを組み合わせ、4種類の広告を作成し、実際に出稿して効果を比較します。

✓ 「画像」を用意する

　Facebook広告は、Facebookユーザーの友達や、Facebookページからの投稿と同じく、ニュースフィードに表示されます。ですので、そうしたコンテンツと違和感を抱かせないよう、人物の画像を掲載すると高い効果が見込めます。

あなたがユーザーとしてFacebookを利用される際にも、どんな投稿に「いいね！」がついているか、チェックしてみてください。おそらく、投稿者本人やその家族、友人などをスマートフォンで撮影した写真付きの投稿が多いはずです。それほど、人物の写真は注目を引きつけ、共感

を呼ぶのです。

　人物画像はできるだけ、カメラ目線の画像を選ぶことを意識してみてください。人は見られていると感じると、見てしまうものです。今までの実績でも、カメラ目線の画像がクリックされる率が高くなっています。

　人物以外では、美しい景色、おいしそうな食べ物などが注目を集めますが、どんな広告にも応用して利用できるのは、やはり人物の写真です。

　用意する写真には、広告に使用する順番に「A」「B」と名前をつけておきましょう。

　もう1種類の写真は、商品の写真です。商品そのものの写真だけではなく、加工してデザイン性を高めたり、背景色を変化させたり、いろいろなパターンを用意してみましょう。こちらも、最初に使う画像ファイル名は「B」にしておきます。

　なお、写真の選定時に、たくさんの候補が挙がったと思いますが、それらはすべて保存しておいてください。たった1枚の写真に絞り込んでは、A/Bテストの意味がありません。効果が薄ければ、第3の候補「C」、第4の候補「D」へと変更していきます。

「人物」「商品」という2つのパターンを軸に、広告にマッチしそうな画像をいろいろと用意します。

✅ 「見出し」を用意する

広告の見出しは、キャッチーでインパクトのあるコピーを用意しようと力が入ってしまいがちですが、次の3つの要素を基本に用意してみましょう。

特にユーザーメリットを強調する見出しは効果が高く、複数用意することをお勧めします。3つのパターンに加え、複数の要素を組み合わせた見出しもいろいろと用意してみましょう。

ここで紹介した3つの要素以外にも、見出しの要素はいろいろありますが、広告の画像との兼ね合い、誘導先となるランディングページで表示する見出しとの兼ね合いも考慮する必要があります。特に、ランディングページのコピーと連続して読んだ際、違和感のないコピーを用意することです。必要に応じて、ランディングページのコピーも変更してください。

見出しは25文字まで書き込めますので、長い見出しや短い見出しなど、いろいろと用意します。A/Bテストに使用する順番にa、b、cと名前をつけて区別しておきましょう。

要素	例	名称
ユーザーメリットを強調する	たった3日間でここまでイケる！	a
不快な状況に共感する	つらい○○、今すぐにでも改善したい！	b
好奇心を煽る	なぜ○○はこんなに笑顔でいられるのか……？	c

広告やランディングページの見出しによく使われるコピーの要素です。Facebook広告の見出しは25文字まで書き込めるので、3つの要素を組み合わせた見出しをいろいろ作成し、番号を振っておきましょう。

✅ 説明文はシンプルに1種類でOK

本書の2章でも解説しましたが、見出し下の説明文は、文字数が多く、伝えられる情報が多いにもかかわらず、広告の効果にそれほど大きな影響を与えません。広告が表示された際、ターゲットが真っ先に目を向けるのは画像と見出しです。この2つを見た後、画像上の説明文が読まれ

ることが多いので工夫しましょう。ただし、画像と見出しのほうが優先度は高いです。

まずは2章で作成した広告の説明文をそのまま使用しても良いですし、キャッチーな短いコピーを用意して「第二の見出し」として使ってみても良いでしょう。

もちろん、複数の説明文を用意してA/Bテストに望んでも良いのですが、最初A/Bテストのコツを素早くつかむためにも、画像と見出しの2要素のみでA/Bテストを実践してみましょう。

> **まとめ**
> - A/Bテスト用に人物の写真を複数用意し、A、B、Cと名前をつけておく
> - A/Bテスト用に見出しを複数用意し、a、b、cと名前をつけておく
> - 説明文は、まずは1種類でOK

Chapter4 03 効果測定を見据えた
キャンペーン構造を整えよう

A/Bテストの実施には、広告の効果を簡単に把握できる環境を整えることが大切です。本書では、A/Bテストに特化したキャンペーン構造とその用意のしかたを紹介します。

✓ 効果測定の準備はキャンペーン内の構造がポイント

　本書では、2種類の画像と2種類の見出しを組み合わせ、合計4種類の広告を作成してA/Bテストを実施していきますが、A/Bテストならではの広告セットを用いて実施します。

用意した画像と見出しをすべて組み合わせて4パターンの広告を作成します。説明文はすべて共通です。

　通常、広告セット内には、複数の広告を作成できます。そして、広告セットで設定した予算の範囲内で、複数の広告がFacebookの判断した最適な配信先に広告として表示されますが、この場合、少しでもクリックされやすい広告があると、その広告だけが突出して表示されやすくなってしまうのです。表示された回数に極端な違いがあっては、コンバージョンやクリック数などを公平に比べることはできません。

　そこで、本書では、1つの広告セットに1つの広告（画像と見出し＝クリエイティブ）を用意して、4つの広告セットを作成してA/Bテストに望みます。

4つの広告セットにまったく同じ予算とオーディエンスを設定し、それぞれ1種類ずつ広告を用意して広告を配信すれば、まったく同じ条件で4種類の広告を比較することができるのです。

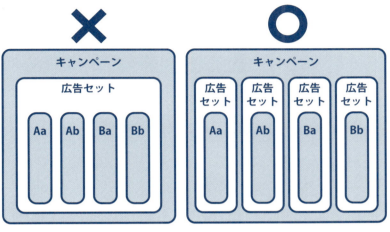

1つの広告セットに1種類の広告を用意し、全部で4つの広告セットを用意します。広告セットの中に4つの広告を用意してしまうと、出稿条件を個別に変更できなくなってしまうので要注意です。

☑ A/Bテスト用の広告を作成する

❶ 2章で作成した広告を再利用する

本書を読み進めながら広告をすでに作成している場合は、その広告を再利用します。広告マネージャを立ち上げ、［すべての広告セット］をクリックすると、2章で作成した広告セットが表示されます。まずはこの広告セットをA/Bテスト用に再編集します。

まだ広告を作っていない場合は2章の42ページ以降を参照して最初の広告を作成してください、最初に作成した広告とランディングページが異なる場合は、「キャンペーン」から編集してください。

広告マネージャを立ち上げ、プルダウンメニューから［すべての広告セット］をクリック（ランディングページを変更する場合は［すべてのキャンペーン］をクリック）します。広告セット名の右上にマウスカーソルを合わせ、表示されたメニューから［広告セットの編集］をクリックします。

❷ A/Bテスト用の広告を作成する

　A/Bテストに使用する広告を作成します。最初に広告セットの名称を記入します。画像Aと見出しaの組み合わせで作成するのであれば「画像A_見出しa」と入力しておきます。単純に「Aa」もしくは「A_a」でも、自分で識別しやすい名前にしておきましょう。その他、あらためて予算やオーディエンスを設定します。予算は「デイリー」で、広告のタイプ（課金タイプ）はCPCで出稿します（「ウェブサイトへの誘導-推奨」を選べば自動的にCPCになります）。

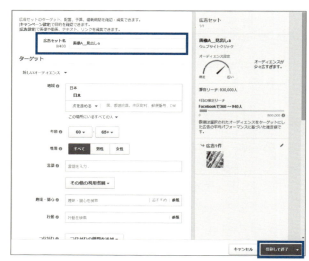

A/Bテスト用の名前を入力し、オーディエンスや予算の設定を行います。最後に［保存して終了］をクリックします。

> **memo**
> 予算は、1つの広告につき500〜1000円ほど準備すると、A/Bテストの精度を確保できるだけの充分なアクセスが見込めます。合計で4種類の広告をデイリーで同時に配信するので、1日あたり2000〜4000円の広告費を準備しておく必要がありますが、入札価格を100円としても、1日で合計2〜4万回前後のインプレッション（広告の表示回数）が見込めます。クリック率1%、成約率1%あれば、初日からコンバージョンが発生する可能性も十分にあります。

❸ 設定が終わった広告セットを複製する

A/Bテスト用に作成し直した広告セットを全部で4セット複製します。広告セット名をマウスオーバーして表示されるメニューから［同様の広告セットを作成］をクリックすると、広告セットだけをコピーできます。

A/Bテスト用に設定した広告セット名にマウスオーバーして［同様の広告セットを作成］をクリックします。

❹ 複製した広告セットを編集する

すぐに広告セットの複製が表示されるので、［編集］をクリックして広告セットを編集します。広告セット名に「コピー」と表示されているのがわかります。

複製した広告セットの［編集］をクリックします。

❺ 広告セット名を変更する

複製した広告セットの名称を変更します。オーディエンスや予算の設定などはすべてコピーされているので、変更する必要は一切ありません。まったく同じ条件で広告を配信することが、A/Bテストで正確な数値を計測する条件となります。

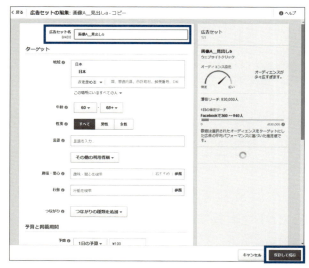

コピーした広告セットは、広告セットの名称のみ変更し、最後に［保存して続行］をクリックします。

❻ 複製した広告セットを保存する

広告セットの見出しが修正されていることを確認したら、［注文を確定］をクリックして広告セットを保存します。この作業を4回繰り返し、合計で4つの広告セットを作成します。

効果測定を見据えたキャンペーン構造を整えよう

［注文を確定］をクリックすれば、複製した広告セットが保存されます。

❼ 広告を表示する

　元となった最初の広告セットと複製した広告セットは、セット内にあった画像や見出しもそのまま複製されています。まず、広告セットの名称をクリックして広告の階層を表示します。

広告セットの名称をクリックします。

107

❽ 広告の編集を行う

広告セットの編集と同じく、広告名の右上をマウスオーバーしてメニューを表示し、［広告を編集］をクリックします。

［広告を編集］をクリックします。

❾ 広告の画像と見出しを変更する

A/Bテスト用の画像と見出しを入れ替えます。画像Aと画像aに差し替える場合、広告名には「画像A_見出しa」と入力しておきます。広告セットと同じく、単純に「Aa」もしくは「A_a」でも、自分で識別しやすい名前にしておくことです。

広告名、画像、見出しを入れ替えます。必要に応じて説明文も変更します。最後に［保存して終了］をクリックします。

❿ すべての広告セットで画像と見出しを変更する

「すべての広告セット」の画面に戻り、手順⑦～⑨を繰り返し、作成したA/Bテスト用の広告セット内にある画像と見出しをすべて入れ替えます。これでA/Bテスト用の広告の準備が完了しました。

4つ作成した広告セット内には、すべて元となった広告のコピーがあります。手順⑦～⑨を繰り返し、すべての広告の画像と見出しを入れ替えれば完了です。

まとめ

- 2種類の画像と2種類の見出しを組み合わせて広告を作成する
- 広告セット内でまとめて作成しないように注意
- 予算は1セットにつき最低でも500円、できれば1000円以上は確保したい

Chapter4 04 コンバージョントラッキングを設置しよう

A/Bテスト最後の準備は「コンバージョントラッキング」の設定です。この設定によって、広告から誘導したアクセスがコンバージョンにいたったかどうかを計測できるようになります。

✅ コンバージョントラッキングとは？

　コンバージョントラッキングとは、広告によって誘導したアクセスが購買や登録などに結びついたかどうかを計測するための仕組みです。

　この仕組みを設定するには、Facebookでピクセルコードを作成し、そのコードを「サンクスページ」のHTML内に貼付する必要があります。

　サンクスページとは、販売サイトで購入してくれたユーザーに対し、「ありがとうございました」と謝意を表示するページです。「購入」ボタンをクリックした後、必ず表示されるので、このページの表示回数をカウントすることが、コンバージョンの回数をカウントすることにつながるのです。

　このサンクスページの表示回数をカウントしてくれるのがピクセルコードです。まずはピクセルコードを取得しましょう。

✅ ピクセルコードを取得する

❶ 広告マネージャからメニューを表示する

　ピクセルコードは広告マネージャから取得します。画面上部にある［ツール］をクリックすると、ピクセルコードを取得するためのメニューが表示されます。この画面で［ピクセル］をクリックします。

コンバージョントラッキングを設置しよう

広告マネージャの画面から［ツール］をクリックし、表示されたメニューから［ピクセル］をクリックします。

❷ ［ピクセルコードを表示］をクリックする

　ピクセルコードの管理画面が表示されます。［アクション］→［ピクセルコードを表示］の順にクリックします。2015年11月の時点で、トラッキングコードの仕様は順次変更がなされており、「コンバージョントラッキング（旧）」に関連するメニューは今後、終了となる可能性があります。

［アクション］をクリックし、表示されたメニューから［ピクセルコードを表示］をクリックします。

❸ ピクセルコードをコピーする

　ピクセルコードが表示されます。表示されたコードはすべてコピーし、メモ帳などにコピーしておきます。このコードには「イベントコード」と呼ばれるコードを書き加え、コンバージョンをカウントしたいウェブサイトのHTML内に貼付することになります。コードのコピーを保存したら、画面の下部にある［さらに表示］をクリックします。

ピクセルコードが表示されるので、すべてコピーしてメモ帳などに保存しておきます。次に［さらに表示］をクリックします。

❹ イベントコードを選択する

　取得したピクセルコードに追加する「イベントコード」を入手します。どのイベントコードを選択するかによって、広告マネージャに表示される指標（コンバージョン数）の名前が変化します。［Purchase］を選択するのであれば［fbq('track', 'Purchase', {value: '0.00', currency: 'USD'});］をコピーし、すでに取得したトラッキングコードの指定の場所に貼付して書き加えます。一点、注意事項があります。前述のイベントコードがcurrencyのUSD（USドル）になっているため、コピーし

た後に、USDをJPY（日本円）に修正してください。この場合、広告マネージャには［購入］という指標が表示され、この指標の下にコンバージョン数が表示されることになります。選択したイベントコードの番号と同じ番号の語句が、「指標の見出し」として表示されます。下の手順では⑦を選んで囲んでいますが、この場合、「購入」という指標が、コンバージョン数を示す指標となります。

イベントコードを選択し、コピーしておいたピクセルコードに貼付します。どのイベントコードを選ぶかによって、指標の名称が変わってきますが、機能はどれも同じで、一様にコンバージョンの数が表示されます。ここでは、コンバージョンの指標を［購入］と表示するため、［Purchase］の欄にある［fbq('track', 'Purchase', {value: '0.00', currency: 'USD'});］をコピーします。

❶コンテンツ一覧
❷検索
❸カートへの追加
❹ウィッシュリストへのアイテムの追加
❺チェックアウトの開始
❻支払い情報の追加
❼購入
❽リード取得
❾登録の完了

❺ ピクセルコードにイベントコードを追加する

　コピーしておいたピクセルコードに、イベントコードを追加します。指定の位置で1行改行し、空いたスペースにコピーしてきたイベントコードを貼付します。これでピクセルコードが完成しました。このコードを、コンバージョンを計測したいページのHTMLに追加すればすべて完了です。

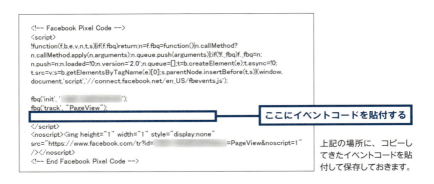

上記の場所に、コピーしてきたイベントコードを貼付して保存しておきます。

「サンクスページ」にピクセルコードを設置する

　取得したピクセルコードは、サンクスページのHTML内に貼付して設置します。HTMLの記述内に<head>タグ内に、取得したピクセルコードをしましょう。<head>タグ内であればどこでもOKですが、</head>タグで閉じる直前に設置するのがお勧めです。

```
<head>
（サンクスページの記述）
この位置にピクセルコードを貼付して設置する
</head>
<body>
```

HTML内にある</head>という記述を探し、コピーしたピクセルコードを機械的に貼付すれば設置完了です。

コンバージョントラッキングを設置しよう

設置後はコードが読まれているか必ず確認する

　ピクセルコードを設置したら、A/Bテスト用に作成した広告をアクティブにし、しばらくしたらコンバージョントラッキングのページで動作確認を行います。コンバージョントラッキングが正常に動作したら、A/Bテストの準備は完了です。

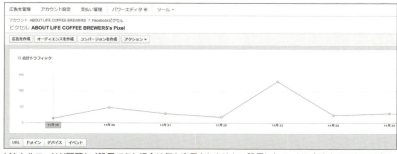

ピクセルコードにエラーがあったり、HTML内での設置場所に問題がある場合、このように表示されます。あらためてピクセルコードを見直す必要があります。

ピクセルコードが問題なく設置できた場合は何も表示されません。設置したページに何らかのアクティビティが発生すれば、そのままカウントされ、数値やグラフが表示されていきます。

まとめ

- コンバージョントラッキングはFacebook広告で成約した件数をカウントする仕組み
- 取得したコードはサンクスページの<head>タグ内に設置する
- 正常に動作したことを確認すること

Chapter4 05 分析に必要な指標を準備しよう

広告の準備が終わったら、広告効果を見極めるための指標の準備も行います。広告マネージャに用意されている指標の中から、効果測定に役立つものをあらかじめ表示しておきましょう。

✓ 指標をカスタマイズする

　広告マネージャでは、Facebook広告を分析するための膨大な指標が用意されています。すべてを表示することができますが、実際にすべて表示する必要はなく、広告主が必要とする指標のみを選んで表示することができます。2015年10月現在、広告レポートには173種類の指標が用意されていますが、ほとんどはFacebookページ向けの広告に用意されている指標です。実際に、ランディングページへ誘導してコンバージョンを獲得するためのFacebook広告を分析するためには、ここで紹介する13種類の指標があれば充分です。不要な指標を表示させると、表

広告に関するいろいろな数値が並ぶテーブルに、必要な指標だけを表示していきます。デフォルトの状態では、重要な指標はわずかしか表示されていません。

示に時間がかかることがあるので、必ず必要な指標のみを選んで表示しましょう。

本書では、Facebook広告に使用した画像と見出しを比較して検証するため、また広告の効果を判断しやすい13種類の指標のみを選別して紹介していきます。

✓ 必要な指標のみ表示する

❶[列：カスタマイズ]をクリックする

広告レポートは、画面中央にあるテーブル（表）に見出しとして表示され、見出しと広告名の交差した部分に当該する指標の数値が表示されます。まずはテーブルに必要な見出しのみを選別して表示させます。
広告レポートで、比較・検証したい広告を表示した状態で「列：パフォーマンス」をクリックし、表示されたメニューから「列をカスタマイズ」をクリックします。

[列：パフォーマンス]をクリックし、表示されたメニューから[列をカスタマイズ]を選択してクリックします。

❷ 必要な指標を選択する

Facebook広告の検証に必要な指標は、広告の種類によって大きく異なります。本書で紹介している「ウェブサイトでのコンバージョンを増

やす」広告の場合、以下の指標にすべてチェックを入れて表示します。それ以外の指標は、すべてチェックを外し、非表示にしておきましょう。広告レポートは、必要な指標だけ表示させておくのが快適に使用するコツといえます。

下記の表にある指標をすべてチェックします。表にない指標は外します。画面左下の［プリセットして保存］をチェックし、プリセット名を任意で入力しておくと、選択した指標がすべて保存できます。

❸ 選択した指標を並べ替える

　チェックを入れて選択した指標は、画面右側のスペースに項目として追加されていきます。この並び順は、ドラッグ＆ドロップで自在に入れ

選択した項目を見やすいように並べ替えます。設定後、手順①から繰り返して並べ替え直すことも可能です。最後に［実行］をクリックして完了です。

替えることが可能です。「リンクのクリック」「CPC（リンク）」「CTR（リンク）」「チェックアウトコンバージョン」「チェックアウトの平均コスト」の5項目は、連続して並べておくと後々の検証に便利です。最後に［実行］をクリックして完了です。

❹ プリセット名がメニューとして表示される

手順②で「プリセットして保存」した指標の選別は、再び手順①で［列：パフォーマンス］をクリックすると、プリセットの保存時に入力した任意の名称がメニューとして追加されています。クリックすれば選択した指標がすべて反映されます。

選別した指標をプリセットして保存しておけば、入力した任意の名称がメニューとして追加されています。クリックすると、手順③でチェックを入れた指標がすべて並び順で表示されます。

❺ 表示された指標を確認する

選択した指標は、同一画面内には収まりません。スライドバーをマウスでドラッグし、すべての指標が表示されているかどうかをチェックしてください。

表示されたスライドバーを左右にドラッグすると、選択した指標をすべて閲覧できます。

■手順②で選択するお勧めの指標一覧

リーチ	広告が配信された先の人数
フリークエンシー	広告が各ユーザーに対して配信された平均回数
インプレッション数	広告の配信数。モバイルアプリとニュースフィードでは初めて掲載された時にカウントされ、右側広告枠では掲載される度に配信としてカウントされ
関連度スコア※	ターゲット層の広告への反応を10段階で評価したスコア。このスコアは500インプレッションが発生した時点で算出される
好意的な意見※	評価は、シェアや「いいね！」、ウェブサイトへのアクセスなど目的に関連するアクションなどが含まれる。関連度スコアをアップさせる要因
否定的な意見※	広告を非表示にされた、あるいは広告を表示しないことを選択されたなど、ネガティブな反応がカウントされる。関連度スコアをダウンさせる要因
CPM（インプレッション単価）	広告の結果発生した1000インプレッションの平均コスト
消化金額	広告レポートを表示した時点での予算の累計消化金額
今日の消化金額	広告レポートを表示した当日の予算の消化金額
リンクのクリック	広告に記載されたFacebook外のサイトへのリンクのクリック数
CPC（リンク）	広告の結果発生したリンククリックの平均コスト
CTR（リンク）	広告のクリック数(ウェブサイトへリンク)をインプレッション数で割った数
購入	広告の誘導先となるランディングページで獲得したコンバージョン数。112ページの手順④で選択した項目と同じものを選択する

リーチ	広告が配信された先の人数
購入の平均コスト（コンバージョンピクセル）	1コンバージョン獲得にかかった費用。コスト÷コンバージョン数で算出される。CPAと呼ばれ、広告の効果測定でもっとも重要視される指標

レポートに表示できる指標は、すべて広告主が主体的に選択することが可能です。上記の13の指標は、Facebook広告に使用した画像と見出しの効果を比較・検討するだけではなく、あらゆる状況で広告効果を吟味する際に役立つ指標ばかりですので、117ページの手順②ではぜひ選択してください。
※「広告」の階層でのみ指標として表示されます

✅ 4つの指標を確認する

　Facebook広告の指標をカスタマイズして表示した指標の中で、最初に使用するのは「CPC」「CTR」「CVR」「CPA」という4つの指標です。このうち、CPCは「CPC（リンク）」という指標として表示され、CTRは「CTR（リンク）」という指標として表示されています。

　注意したいのは、コンバージョン関連の指標です。コンバージョンを計測する指標は、トラッキングするピクセルコードを作成した際、選択したイベントコードの名称ごとに変化します。112ページでの作業を確認し、該当する指標を選択してください。

　なお、112ページでどのイベントコードを選択していたとしても、コンバージョンをカウントするという機能に問題はまったくありません。どのような指標銘で表示されていたとしても、コンバージョンを計測してくれます。

　4章では、2枚の画像と2つの見出しを組み合わせて4通りのFacebook広告を作成しましたが、いよいよ次節から、4つの指標を使い、使用した画像と見出しでどのような効果を得られているのか、検証を行っていきます。

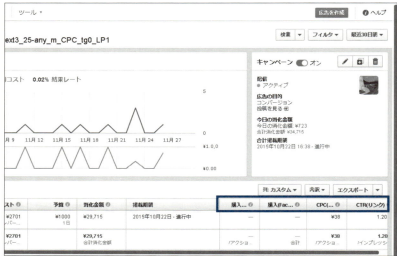

表示された指標はすべて重要なものばかりですが、広告の画像と見出しの比較・検証を行うためには、「CPC」「CTR」「CVR」「CPA」の4つの指標が特に重要です。

> **まとめ**
> - 広告マネージャに表示される広告データの指標はカスタマイズできる
> - 分析にもっとも重要なのは「CPC」「CTR」「CVR」「CPA」の4指標
> - コンバージョン関連の指標は、112ページで選択した「イベントコード」によって名称が変わるので注意

Chapter4 06 すべての設定事項を「レポート」にまとめよう

すべての準備が終わったら、これまでに実施した準備の設定をまとめて保存しておきます。保存しておくことで、すべての設定が整った環境をいつでも呼び出すことができます。

✓ 広告や指標の設定はレポートしてまとめておく

　配信するFacebook広告をまとめて画面に表示し、分析に必要な指標の設定が終わったら、その状態を「レポート」にまとめて保存しておくことができます。レポートにまとめておくことで、広告効果を分析するための環境をいつでも瞬時に呼び出すことができるようになります。

　広告マネージャを起動するたびに、チェックしたい広告を画面上に並べるだけでもかなりの手間になるので、継続してチェックする広告はすべて、レポートとしてまとめておきましょう。

❶ 保存したい指標を確認する

　レポートとして保存したい画面を表示した状態で、最初に指標を確認します。117ページで、広告レポートに表示する指標を選択しましたが、

［列：パフォーマンス］をクリックし、117ページで作成したプリセット名をクリックします。これで、分析に必要な重要指標をすべて表示できたことになります。なお、すでに列をカスタマイズしていた場合、［列：パフォーマンス］ではなく、他の名称が表示されている場合もありますが、必ず、プリセットして保存した指標を表示してください。

この時に「プリセットして保存」した指標が並んでいるかどうか確認しましょう。

❷ レポートのデータを計測する期間を設定する

次に、画面右上にある「通算」と書かれているボタンをクリックします（初期状態では通算と書かれています）。[通算] をクリックすると、レポートを呼び出した際、広告配信スタート時から現時点までを通算したデータが表示されます。A/Bテストの場合、[通算] もしくは [最近30日間] が便利です。

プリセットとして用意されている中から、まずは [通算] を選択します。レポートを作成して表示した後、他のタイムテーブルに切り替えたい場合は、この手順ですぐに切り替えることができます。

❸ レポートアイコンをクリックする

画面左上にある、レポートのアイコンをクリックします。[新しいレポートを保存] というメニューが表示されるのでクリックします。この時、[詳しくはこちら] というメニューをクリックすると、レポートの保存に関する詳細な解説が画面左側に表示されます。

レポートのアイコンをクリックし、表示されたメニューから [新しいレポートを保存] をクリックします。

❹ レポート名を入力する

保存するレポートに名称を入力します。ここに入力した名称は、レポートの名称になるので、自分で判断しやすい名称を入力しておきます。

レポートの名称を入力し、[保存]をクリックします。

❺ 作成したレポートのメニューを表示する

レポートの名称を入力して新規作成した後、あらためてレポートアイコンをクリックすると、手順❹で入力したレポート名が表示されています。クリックすると、手順❹で表示していた画面がそのまま表示されます。指標などもまったく同じ状態で表示できます。

レポートのアイコンをクリックし、入力したレポート名をクリックすると、レポート作成時に表示されていた広告の情報をすべて呼び出すことができます。

☑ 最後に広告をアクティブにする

　ここまで、広告の効果を検証する準備がすべて整いました。次章からはいよいよ広告の効果を比較し、効果を検証することになりますが、そのためにも、広告を「アクティブ」に設定しておきましょう。

　広告をアクティブにすることで、出稿済みの広告が実際に配信され、ターゲットの広告に対するアクションが指標データとして反映されるようになります。

広告をアクティブにして配信をスタートさせます。これで、ターゲットの広告への反応が用意した指標の欄に蓄積して表示されるようになります。

まとめ

- 広告の表示画面やカスタマイズした指標はレポートにまとめて保存できる
- 保存した画面はすべての設定をそのまま瞬時に呼び出すことができる
- すべての設定を保存できたら広告をアクティブにして配信スタート

Chapter 5

広告の効果を測定しよう

Chapter5 01 Facebook広告の効果測定はA/Bテストで行う

Facebook広告は出稿自体が非常に簡単で、予算さえ準備できればすぐに広告配信が可能ですが、効果的な広告を配信するには「A/Bテスト」の実施が必要不可欠です。

✓ A/Bテストの目的

　Facebook広告のA/Bテストには、すでに解説してきたように、優れた画像と見出しを見つけ出すという目的がありますが、これ以外に「ターゲットの最適化」「コンバージョンの獲得」という目的があります。

　ターゲットの最適化は、Facebookのユーザーが必ず登録することとなる「性別」と「年齢」によるターゲティングです。男性、女性でどの年齢層がもっとも広告に反応するのか、A/Bテストによって狙いを定めます。画像と見出しの選別だけで終わらせず、ターゲットの明確化までしっかりと行いましょう。

　また、A/Bテストは、テストと名がついていますが、6章の冒頭で解説する「コンバージョンへの最適化配信」を実施するための、重要な布石となります。コンバージョンへの最適化配信には、「実際にコンバージョンを獲得したことがある」という実績が非常に重要になります。この実績を、A/Bテストの段階で確実に獲得しておくことも必ず達成すべき目的となります。

■ A/B テストで達成すべき 3 つの目的

- 優れた画像と見出しを見つけ出す
- ターゲットの最適化
- コンバージョンの獲得

✓ まずは予算を再確認する

　いよいよ、実際にFacebook広告を配信し、A/Bテストによる画像や見出しの検証をスタートしますが、1つ注意したいのは、「実際にコストをかけている」という点です。

　実際に広告費をかけてA/Bテストを実施するのですから、予算と目標を明確にしておきましょう。

　目標とはもちろん、A/Bテストによる画像と見出しのブラッシュアップですが、それとは別に、A/Bテストのための予算と、その予算を回収するための具体的な目標を立てておくべきである、ということです。

Facebook広告の予算	月額6～12万円
目標CPA（成約1件あたりの予算）	コンバージョン1件を獲得するためにかかる費用、またはコンバージョン1件にかけられる広告予算を明確にしておく

実際に広告を配信する前に決めておきたいのが予算と目標です。予算や目的に応じてA/Bテストの回数は増減し、効果の見極めに必要な配信回数や所要時間が変化するからです。

　1つの広告配信につき、1日の予算を500円とすると、A/Bテストで4つの広告を配信する場合は合計で1日2000円です。1カ月続ければ6万円となります。そして、1広告の1日の予算を1000円にすれば、1カ月の予算は12万円になります。この予算でFacebook広告を毎月配信できれば、A/Bテストを実施しつつ、優れた画像と見出しを使った広告で「コンバージョンへの最適化配信（88ページ参照）」による広告配信が可能です。

　そして、コンバージョン1件を獲得するのにどれくらいのコストをかけられるのか、あらかじめ考えておくことも重要です。成約1件で1000円の利益しかない商品に、2000円、3000円の広告費をかけることはできないからです。

　予算と目標CPA（成約1件あたりの予算）を明確にしておくと、あらゆる局面で判断の目安となります。

✅ 低予算でも「CPCタイプ」で出稿すればA/Bテストは充分に可能

　月額6万円以上の予算で充分な広告配信が可能になるとお伝えしましたが、低予算でもA/Bテストを含めたFacebook広告の効果的な活用はもちろん可能です。そのカギは、A/Bテストの「CPCタイプ」による配信にあります。

　CPCタイプの課金で広告を配信しておけば、広告をクリックされない限りは広告費が発生しません。どんな画像や見出しを用意すればいいのか、手探りの状態で広告配信を始めても、クリックされなければ広告費が発生しないため、安心してA/Bテストを実施・継続できます。また、予算次第では、30日間連続しての広告配信にこだわる必要もありません。

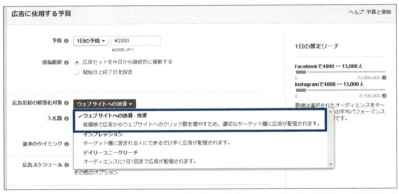

クリックされない限り広告費が発生しないCPCタイプの課金で出稿するので、低予算でも安心してA/Bテストを実施できます。A/Bテストでは、「ウェブサイトへの誘導」というメニューを選択します。これで自動的にCPCタイプの課金で広告が配信されます。

✅ Facebook広告の効果を見極める4つの指標がある

　Facebook広告の画像と見出しをブラッシュアップする場合、参考にするのは「CPC（クリック単価）」「CTR（クリック率）」「CVR（コンバージョン率）」「CPA（コンバージョン単価）」という4つの指標です。

　この中でも、CPAは非常に重要な指標です。本節の冒頭で「目標

CPA（成約1件あたりの予算）」をあらかじめ決めておくことをお勧めしましたが、これは、コンバージョン1件あたりの単価の獲得にかけられる費用が明確になっていないと、CPAの数値が高いのか、低いのか、わからないからです。本書では、この4つの指標をチェックしつつ、Facebook広告にどのような調整を行っていくのか、133ページ以降で詳しく解説していきます。

CPC（クリック単価）	1クリックを獲得するためにかかった費用。「総コスト（広告セットの予算）÷クリック数」で求められる
CTR（クリック率）	表示された広告がクリックされる確率。「クリック数÷インプレッション数」で求められる
CVR（コンバージョン率）	クリックされた広告がコンバージョンに結びつく確率。「クリック数÷コンバージョン数」で求められる
CPA（コンバージョン単価）	1つのコンバージョンを獲得するためにかかった費用。「総コスト（広告セットのコスト）÷コンバージョン数」で求められる

✓ 「性別」と「年齢」によってターゲティングの精度を高める

　Facebook広告の画像と見出しの精度が高まってきたら、ターゲティングの見直しを行います。Facebook広告でもっとも信頼性の高いターゲティングのセグメント要素は「性別」と「年齢」です。本書の2章では、可能な限り年齢層を幅広くとり、性別に関係なく広告を出稿しましたが、この結果を踏まえて、いよいよターゲット層を絞り込んでいくことになります。

ターゲットをほぼ確実にセグメントできる「性別」と「年齢」を使い、ターゲティングの精度をさらに高めていきます。

✓ 広告データはパソコン上に保存できる

　画像や見出し、ターゲティングを磨き上げた広告は、配信した結果のデータ自体が貴重な財産となります。オフライン状態でもデータを閲覧する機会が多い場合、Facebook広告のデータをパソコン上にエクスポートしておくことをお勧めします。

　エクスポートした広告データは、新規の広告戦略において重要な参考資料となります。ExcelやCSVなどのファイル形式で出力できるので、会議の資料などにもグラフ入りで簡単に加工できるのも魅力です。

レポート上に表示される広告のデータは簡単にエクスポートできます。インターネットに接続できない場所での検証や比較はもちろん、資料としても大いに役立ちます。

まとめ

- 広告費に使える月間の予算を確認しておく
- 目標となるCPA（成約1件あたりにかけられる費用）を把握しておく
- 各指標（CPC、CTR、CVR、CPA）の意味を理解しておく
- A/Bテストの最大の目的は画像と見出しの優れた組み合わせを発見すること
- 画像と見出しの発見と並行してターゲット層のボリュームゾーンを見つけ出す
- 採集したデータはエクスポートしてオフラインでも利用できる

Chapter5 02 画像と見出しの効果を指標から判別しよう

Facebook広告で最大の効果を得るには、広告に使用する画像と見出しの見極めが欠かせません。この章ではまず、指標の数値を比較しながら、画像と見出しの最適化に取りかかります。

✓ 最初にCPAを比較する

　リスティング広告におけるキーワードの選定とは異なり、Facebook広告の画像と見出しを配信前に確実に決定する選び方はありません。そのため、実際に広告を配信しながら最適な画像と見出しを見つけ出していきます。4章の最後では、作成した広告をアクティブに設定して配信をスタートさせました。最初に設定した予算をすべて消化したら、4つの広告の指標を比べてみましょう。

　まず、4章で作成した4通りの広告を表示し、「CPC」「CTR」「CVR」「CPA」の4つの指標を比較することから始まります。CPAは、本書の例の場合、広告マネージャでは「購入の平均コスト」という指標で数値が表示されています。また、コンバージョン数も抜き出して記録します。

4つの広告それぞれに表示された指標の数値を抽出します。広告セット、もしくは広告の階層で表示されたテーブルの指標の数値を抜き出します。

これらの数値を2×2のマスの中へ書き込んでみましょう。

1コンバージョンを獲得するのに広告費をどのくらい消化したのかを表すCPAの値がもっとも優れた広告が、画像と見出しの優れた広告と判断します。

	見出しa	見出しb
画像A	CPA： CV： CTR： CPC： CVR：	CPA： CV： CTR： CPC： CVR：
画像B	CPA： CV： CTR： CPC： CVR：	CPA： CV： CTR： CPC： CVR：

画像と見出しの組み合せごとに数値を書き込みます。

✅ 突出したCPAを獲得した組み合わせを探す

まず、CPAが突出した画像と見出しの組み合わせを探します。突出してCPAの値が優れている組み合わせがあれば、文句なしに良い組み合わせとなります。他のCPAよりも1/2以上低いCPAを獲得していれば、その組み合わせを使って「コンバージョンへの最適化配信」（88ページ参照）を実施します。

	見出しa	見出しb
画像A	CPA：1750円 CV：4 CTR：0.08% CPC：55円 CVR：3.1%	CPA：1400円 CV：5 CTR：0.10% CPC：50円 CVR：3.6%
画像B	CPA：1400円 CV：5 CTR：0.05% CPC：70円 CVR：5.0%	CPA：700円 CV：10 CTR：0.05% CPC：70円 CVR：10.0%

突出したCPAがあればその広告を採用できます。

A/Bテストでもっとも優れた結果をだした画像と見出しの組み合わせは、他のいくつかの組み合わせと一緒に「最適化配信」で広告を配信することになります。

✅ CPAで差がつかなかった場合はテストを継続する

コンバージョンは獲得できているものの、突出したCPAがない場合は、もう少しA/Bテストを継続してみましょう。広告の配信数が不足している場合が考えられます。

	見出しa	見出しb
画像A	CPA：1750円 CV：4 CTR：0.08% CPC：55円 CVR：3.1%	CPA：1000円 CV：7 CTR：0.10% CPC：50円 CVR：5.0%
画像B	CPA：1000円 CV：7 CTR：0.05% CPC：70円 CVR：7.0%	CPA：875円 CV：8 CTR：0.05% CPC：70円 CVR：8.0%

配信数が不足している場合、CPAに差がつかないことがあります。高額な商品であればあるほどコンバージョンに結びつきにくいため、我慢強くA/Bテストを継続しましょう。

✅ コンバージョンが得られなかった画像と見出しはすべて入れ替える

A/Bテストを実施した結果、すべての組み合わせでコンバージョンが得られなかった場合は、画像と見出しをすべて入れ替えてA/Bテストをやり直しましょう。コンバージョンを獲得することができても、目標とするCPAを上回ってしまった場合もすべての組み合わせを入れ替えます。

	見出しa	見出しb
画像A	CPA：※ CV：0 CTR：0.08% CPC：55円 CVR：-	CPA：7000円 CV：1 CTR：0.10% CPC：50円 CVR：0.71%
画像B	CPA：※ CV：0 CTR：0.05% CPC：70円 CVR：-	CPA：※ CV：0 CTR：0.05% CPC：70円 CVR：-

すべての組み合わせでコンバージョンが得られない場合、もしくはCPAがどれも高い場合は、すべて入れ替えて再度A/Bテストを実施します。

※は広告費が7000円かかっている状態。CVが0なので数値は出ない

✓ 見出しの効果は「CVR」に出やすい

　各指標の数値を結果として書き出した結果、もっとも大切なのはCPAですが、「見出し」のクオリティがもっとも影響を与えるのは「CVR」であることが過去の統計で明らかになっています。2×2のマトリクスに各指標の数値を表示した場合、優れた見出しがある場合は、CVRの数値が右側、あるいは左側、つまり「列」にCVRが偏るケースが多くあります。

	見出しa	見出しb
画像A	CPA：1667円 CV：3 CTR：0.1% CPC：50円 CVR：3.0%	CPA：1000円 CV：5 CTR：0.08% CPC：56円 CVR：5.56%
画像B	CPA：1250円 CV：4 CTR：0.07% CPC：63円 CVR：5.0%	CPA：714円 CV：7 CTR：0.05% CPC：71円 CVR：10.0%

この場合、右側の見出しのCVRが高いことがわかります。見出しbを優れた見出しとして次の展開へ活かします。

✅ 画像の効果は「CTR」に出やすい

　見出しの効果がCVRに影響しやすいのに対し、画像は「CTR」に影響を与えやすいという特徴があります。A/Bテストでもっとも見極めるべきなのはCPAですので、画像はそれほど重要ではないかというとそんなことはありません。最初に画像で注意を引き、クリックしてもらえなければ、絶対にコンバージョンは稼げません。

　CTRの値が高い広告は、Facebookからの評価が上がるため、CPCが安価になります。その結果、CPAの値も低下することになるのです。

　もし、CPAの値が高いにもかかわらず、CVRの値が高い画像と見出しの組み合わせがあった場合、CTRの数値が高い画像に差し替えてみましょう。CPAの数値が適正に下がっていく可能性が大いにあります。

	見出しa	見出しb
画像A	CPA：1667円 CV：3 CTR：0.1% CPC：50円 CVR：3.0%	CPA：1000円 CV：5 CTR：0.08% CPC：56円 CVR：5.56%
画像B	CPA：1250円 CV：4 CTR：0.07% CPC：63円 CVR：5.0%	CPA：714円 CV：7 CTR：0.05% CPC：71円 CVR：10.0%

この場合、上の画像がCTRが高く、CPCが安価です。より高いCTRを目指してさらなるテストを行います。

まとめ

- もっとも重要な指標はCPA。この数値がもっとも優れていた画像と見出しの組み合わせを重要視する
- 優れた組み合わせが見つからなかったら、画像と見出しを入れ替えてA/Bテストを継続する
- CPA以外の指標の数値も重要。これらの指標は「合算」することでより正確な分析が可能になる

COLUMN さらに高度な検証を行うには

　本書では、CPAの数値を簡単に比較・検討するため、可能な限り簡略化してわかりやすく解説していますが、2×2のマトリクスの列と行を合算してさらなる比較を行うと、より正確で細かい分析が可能になります。

	見出しA 今すぐ、キレイを 取り戻しませんか？	見出しB 5年前の私、 絶対にあきらめない！	合計
画像A 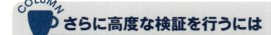	CPA：1667円 CV：3 CTR：0.1% CPC：50円 CVR：3.0%	CPA：1000円 CV：5 CTR：0.08% CPC：56円 CVR：5.56%	CPA：1250円 CV：8 CTR：0.09% CPC：53円 CVR：4.21%
画像B	CPA：1250円 CV：4 CTR：0.07% CPC：63円 CVR：5.0%	CPA：714円 CV：7 CTR：0.05% CPC：71円 CVR：10.0%	CPA：909円 CV：11 CTR：0.06% CPC：67円 CVR：7.33%
合計	CPA：1429円 CV：7 CTR：0.08% CPC：56円 CVR：3.89%	CPA：833円 CV：12 CTR：0.06% CPC：63円 CVR：7.5%	

行と列を合算して分析すると、単純に広告マネージャから書き出した各指標の差異だけではない、さらなる分析が可能になります。

　上記のマトリクスは、Excelなどの表計算ソフトを利用し、各指標を列と行で合算したものです。こうして算出した指標の数値を比較・検討すると、合算前は見えにくかったCPAの小さな差異や、CTRやCPCの差異なども見えてくるようになります。こうした分析を行うと、より効果的な画像や見出しを、より少ない予算で見つけ出せるようになるのです。

　行と列で数値を合算するには、各指標を算出した計算方法を理解する必要があり、本書では紙面の都合上、紹介することができませんが、筆者のサイトでは、Excelの関数「ピボット」を利用し、各指標の合算値を算出する方法を紹介するPDFを無料で配布しています。また、算出した各指標のより細かい比較・検討の方法も紹介しました。ぜひ、広告効果の比較・検討に役立ててください。

無料ダウンロードページ
https://www.cocolable.co.jp/fbbook/

Chapter5 03 「性別」と「年齢」でターゲティングの精度を高めよう

比較・検証によって、効果の高い画像と見出しの組み合わせを模索すると同時に、ターゲティングも並行して精度を高めていきます。レポートの画面のさらに便利な使い方を紹介します。

「絞り込み」ではなく予算の配分で対応する

　ここまで、ターゲティングを「絞り込む」と表現してきましたが、より正確にいえば、ターゲットを絞り込むのではなく、「より効果が見込めるターゲット層に対してより多くの予算を配分する」ことが大切です。

　たとえば、20歳から65歳までを対象に、自動車保険を販売するためのFacebook広告を配信したとします。もし、20歳から30歳までがダントツにコンバージョン数が多かった場合、ターゲット層を「20 ～ 30歳代」に絞り込むでしょうか？　もし絞り込んでしまえば、40歳以上の年齢層への広告配信がゼロになってしまいます。これではターゲット層を絞り込んだとはとてもいえません。

　このような場合、20 ～ 30歳へ広告を配信するために、別の広告セットを作成し、予算を別に用意して広告を配信してみましょう。ただし、最初のA/Bテストをストップする必要はありません。A/Bテストでは、性別に関係なく、20 ～ 65歳までターゲットを広く取ってあります。この配信を止めると、20 ～ 30歳という年齢層以外のターゲットからコンバージョンを取りこぼすことになるので、A/Bテストとして配信を続けてみましょう。

「性別」と「年齢」による広告効果の違いを見極める

　A/Bテストに使用した画像と見出しの有効な組み合わせについて、ある程度の判断がつくようになったら、次に取り組むべきなのがターゲテ

ィングにおける「性別」と「年齢」の見直しです。

　商品の特性に明らかな性差があっても、購入者と使用者が同じ性別であるとは限りませんし、子供向けの商品を親が購入してプレゼントするなどの例は枚挙にいとまがありません。だからといって、幅広い年齢層に、男女の区別なく均等に予算を配分するのは、広告の戦略としては正しくありません。

　Facebook広告で配信の結果がデータとして蓄積されてきたら、まず、性別と年齢層によってどのくらい結果が異なるのか、調査をしてみることです。

✓ 性別と年齢による広告への反応を検証する

❶「内訳」から性別による反応がわかる

　A/Bテストで予算を消化した後、「レポート」の画面で、検証したい広告を表示した状態から画面右側にある［内訳］をクリックします。Facebook広告のアクセスをセグメントできる要素が表示されるので、この中から［年齢と性別］を選択してクリックします。

［内訳］をクリックし、表示されたメニューの中から［年齢と性別］をクリックします。

❷ 性別と年齢層ごとの反応を見極める

　広告に対する反応が、性別と年齢ごとにセグメントされて表示されま

した。コンバージョンに至りやすいのはどの何歳代か、クリックしてもらえやすいのはどの年齢層の男性か、女性かなど、数値の偏りからはっきりとわかります。どこを狙った広告配信が有効かを見極めましょう。

❸ 性別と年齢層でターゲティングした新規の広告を作成する

　性別と年齢層による違いや偏りがはっきりしたら、最初に作成したA/Bテストとは別に、新たに広告セットを2セット作成します。ここまでのA/Bテスト結果で得られた画像と見出しの組み合わせを使い、男性向けの広告、女性向けの広告、それぞれ1セットずつ作成します。これにより、「最良のクリエイティブ（画像と見出し）」と「最良のターゲット層」が2つのA/Bテストによって明確になり、6章で紹介する「最適化配信」が一気に加速します。

　なお、A/Bテストの結果は、時間の経過や、予算の消化につれて変化することがよくあります。コンバージョンしやすい性別や年齢の変化がA/Bテストで確認できたら、性別と年齢によるターゲティングに反映させていきましょう。

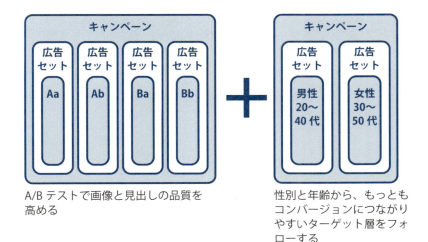

A/Bテストで画像と見出しの品質を高める

性別と年齢から、もっともコンバージョンにつながりやすいターゲット層をフォローする

最初に作成したA/Bテストの広告セットに加え、性別と年齢を絞りこむためのA/Bテストも実施します。これにより、クリエイティブとターゲティングの最適化が行えるようになります。

✅ コンバージョンを獲得するまで継続する

　ここまで、A/Bテストの検証の方法を紹介してきましたが、このA/Bテストの実施と検証は、充分なコンバージョンを獲得するまでは継続してください。すでにお伝えした通り、コンバージョンを稼ぐことで、6章で紹介する「コンバージョンへの最適化配信」がより効果的になるからです。

　また、コンバージョンへの最適化配信を実施すると、広告の課金タイプがCPCからCPMに切り替わります。コンバージョンへの最適化配信は、広告の表示件数が1000件に達すると、クリックされなくても広告費が発生するインプレッションタイプです。クリックされない限り広告費が発生しないA/Bテストで、安全、確実に、可能な限り多くのコンバージョン数を獲得しておきましょう。

まとめ

- A/Bテストの実施でターゲットからの反応が集まったら、性別と年齢でどのくらい反応に偏りがあるかをチェックする
- もっともコンバージョンを多く獲得し、今後も期待できそうな年齢層をターゲットに、男性向け、女性向けの広告セットを作成して配信する

レポートのデータを パソコンへ保存しよう

Facebook広告の配信で得られたデータは、定期的にパソコンへ保存しておきましょう。ExcelファイルやCSVファイルで出力できるので、資料などへの加工も簡単です。

✓ レポートのデータは定期的にエクスポートしておく

　Facebook広告に対するターゲットの反応は、今後の広告出稿の際にぜひとも役立ててください。そこで、オフライン状態でも広告データを確認できるよう、データのエクスポートを定期的に行っておきましょう。また、確認したい配信期間だけを選んでエクスポートすることもできるので、資料などの作成にも役立ちます。エクスポートで出力されるファイル形式はExcelもしくはCSVですので、グラフなどの加工も簡単です。

✓ レポートのデータをエクスポートする

❶ レポートの表示期間を選択する

　広告マネージャの画面右上にある［通算］をクリックすると、カレンダー形式でデータの表示期間を選択できます。表示された画面上部には、

［通算］をクリック（初期状態では通算と表示されています）し、エクスポートするデータの計測期間を選択します。カレンダー形式では、開始日と終了日をクリックすれば期間を設定できます。

143

［通算］［今日］［先月］［今月］など、プリセットされた期間が表示されており、クリックした期間がデータの計測期間としてエクスポートされます。

❷ レポートアイコンをクリックする

すでにポートを保存してある場合、広告マネージャの画面左上にあるレポートアイコンをクリックすると、［レポートを管理］というメニューがあります。このメニューをクリックしてエクスポートの操作画面を表示します。

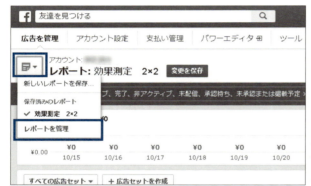

レポートアイコンをクリックし、表示されたメニューの中に追加されている［レポートを管理］をクリックします。

❸ ［↓］アイコンをクリックする

作成したレポート名の欄にある［↓］のアイコンにマウスオーバーすると「エクスポート」と表示されます。この［↓］ボタンをクリックすることで、レポートの内容をエクスポートできます。編集ボタンをクリックすると、レポートの名称を変更することができます。

作成したレポート名の欄に表示された［↓］をクリックします。

❹ ファイル形式を指定する

　エクスポートするデータのファイル形式を選択し、［エクスポート］をクリックします。［概要の行も含む］をクリックすると、広告セットの行の最下段に表示されるデータも表示されますが、データとしては不要ですので、チェックを入れる必要はありません。エクスポートされたデータは、ダウンロードファイルと同様に出力されるため、ブラウザによってダウンロードの手順は異なります。Chromeの場合、ブラウザの画面下部のダウンロードバーに一時的にファイルが表示されます（保存先とは異なります）。

ファイル形式を選択し、［エクスポート］をクリックして完了です。

エクスポートファイルはダウンロードファイルと同様の扱いでパソコン上へ出力されます。Chromeの場合、正式な保存先とは別に、ブラウザ下部にあるダウンロードバーに一時表示され、直接開けるほか、ファイルをコピーすることも可能です。

✓ レポートはメールに転送できる

　レポートを定期的にメールへ転送しておくと、手動でエクスポートする手間が省けて便利です。

　レポートデータをメールへ転送する場合、手動でエクスポートする場合と異なり、レポートデータの計測期間を広告主が指定することができません。そのため、プリセットメニューの中からレポートの抽出期間を選ぶことになりますが、すでに作成済みのレポート画面で閲覧できるデータをそのままメールへ転送設定できるので、設定自体が非常に簡単です。

　お勧めの転送設定は「月間レポート」で、毎月1回、1日に自動で送信されます。レポートの抽出期間を［月間］に指定しておくと、毎月1日に、前月のレポートデータがFacebookのアカウント作成時に登録したメールアドレスに送られます。

✓ レポートのデータをメールに転送する

❶ レポートの抽出期間を選択する

画面左上にある［通算］をクリック（直近に選択した開始日と終了日がボタン名として表示されています）し、表示されたメニューの最上段にある、プリセットされたメニューのいずれかをクリックします。月間レポートとして毎月1日にメールへ送信するのであれば、［先月］がお勧めです。

画面左上にある［通算］をクリック（直近に選択した開始日と終了日がボタン名として表示されています）し、プリセットメニューから［先月］をクリックします。最後に［OK］をクリックします。

❷ レポートアイコンをクリックする

レポートアイコンをクリックし、表示されたメニューから［新しいレポートを保存］をクリックします。ここまでの手順は、レポートのエクスポートとほぼ同じ手順です。

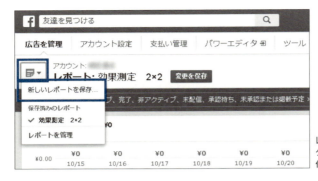

レポートアイコンをクリックし、[新しいレポートを保存]をクリックします。

❸ メールの配信設定を入力する

ポップアップした画面に、新規のレポート名を入力し、[メールの配信設定]にチェックを入れます。さらに配信頻度を選択し、最後に[保存]をクリックすれば設定完了です。手順①で[先月]を選択している場合、配信頻度は[月間レポート(毎月1日)]を選択します。

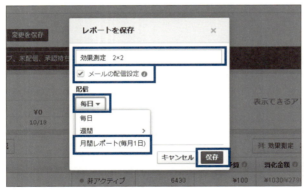

レポート名を入力し、[月間レポート(毎月1日)]を選択します。最後に[保存]をクリックして終了です。画面上に変化はありませんが、毎月1日に、Facebookアカウント作成時に登録したメールアドレスにレポートが届くようになります。

まとめ

- 指標を表示している画面は、レポートとしてエクスポートできる
- ExcelもしくはCSV形式で出力できる
- レポートは定期的にメールアドレスに転送可能

Chapter 6

Facebook広告のさらに高度な機能を使いこなそう

Chapter6 01 コンバージョンに特化した最適化配信を実施しよう

A/Bテストの結果を最適化配信へ結びつけることで、Facebook広告の効果をさらに高めることができます。A/Bテストの結果は、すべてこの最適化配信のためのお膳立てといっても過言ではありません。

✓ テスト結果は「ウェブサイトのコンバージョンを増やす」で利用する

　5章までに実践してきたFacebook広告は、作成する最初の段階で「ウェブサイトのアクセスを増やす」を選択して作成してきました。もう1種類、Facebookの外部サイトへ誘導できる広告「ウェブサイトのコンバージョンを増やす」を、いよいよこの段階で利用し、広告配信します。

　注意したいのは、コンバージョンに最適化してFacebook広告を配信するには、あらためて「キャンペーン」を作成し直す必要がある、とい

■最適化配信の流れ

 A/Bテストでコンバージョンを獲得した、優れた画像と見出しを用意する

↓

 コンバージョンに最適化するためのキャンペーンを作成する

↓

 課金タイプで「コンバージョン - 推奨」を選択する

↓

④ 用意した画像と見出しで広告を作成する

う点です。

　A/Bテストと同じキャンペーン内では、最適化配信を行うことができません。なぜなら、広告の種類を選択する段階で、「ウェブサイトのコンバージョンを増やす」を選択する必要があるからです。

　A/Bテストの実施が済んでいれば、すでに優れた画像と見出しの用意はできているはずですので、新しいキャンペーンに登録するだけですぐに広告を用意できます。

✓ 最適化配信のための広告を出稿する

❶ コンバージョンに最適化するためのキャンペーンを作成する

　画像と見出しを用意できたら、いよいよ最適化配信を行うための広告作成に取りかかります。まず、広告を最初から作成し直しましょう。もちろん、これまで作成して実際に稼働させていたA/Bテスト用のキャンペーンはそのまま残しておいて問題ありません。

　最適化配信を実施するための広告は最初の手順で［ウェブサイトのコンバージョンを増やす］を選択します。これが、最適化配信の最初のポイントとなります。

　なお、広告作成の手順自体は、すでに2章で解説した手順とまったく同じです。

［ウェブサイトのコンバージョンを増やす］を選択して新規のキャンペーンを作成します。このキャンペーン内で、最適化配信専用の広告セットを作成することになります。

❷ ［コンバージョン・推奨］を選択する

　［ウェブサイトのコンバージョンを増やす］を選択後、もう1つ重要な選択のポイントが、課金タイプの選択です。コンバージョンに特化した最適化配信を目指す場合、必ず［コンバージョン・推奨］を選択する必要があります。これ以外のメニューを選択すると、コンバージョンに最適化することはありません。

必ず［コンバージョン・推奨］を選択します。手順②と③の組み合わせのみ、コンバージョンに最適化する広告を配信することができます。

❸ 用意した画像と見出しで広告を作成する

　広告のクリエイティブ部分は、A/Bテストの結果から厳選した画像と見出しを使って作成します。作成の方法は、2章で紹介した手順とまったく同じです。完成後はそのままアクティブにすれば広告が配信されますが、広告セット内に複数の広告を作成してから配信したほうが、より効率よく最適化されます（156ページ以降参照）。

A/Bテストでもっとも成績が優れていた画像と見出しの組み合わせを使ってクリエイティブを作成します。［注文を確定する］をクリックすれば作成は完了です。

✅ 最適化配信用の広告セットを作成する

　キャンペーンから新規に作成したFacebook広告が広告マネージャ上に表示されたら、コンバージョンに最適化するための広告配信はすぐにでも可能ですが、A/Bテストで画像と見出しの組み合わせを複数作成できていたのであれば、それらの組み合わせも広告セット内に詰め込んで配信したほうが、より効果的に配信できます。コンバージョンに最適化するための情報を、Facebook側により多く提供できることになるからです。

❶ 作成した最適化配信用の広告セットを表示する

　151ページで解説した、最適化配信用の広告が完成すると、作成した広告のキャンペーンが表示されています。このキャンペーンの内部には、「コンバージョン-推奨」に設定した広告セットが入っていますので、クリックして表示します。

完成した最適化配信用のFacebook広告が表示されたら、キャンペーン名をクリックして広告セットを表示します。

❷ 広告セットの内部を表示する

　広告セットが表示されたら、さらに広告セット内にある広告（クリエイティブ）の部分を表示します。Facebook広告の最適化配信は、広告セットの中に複数の広告を詰め込んで配信できるのが特徴です。

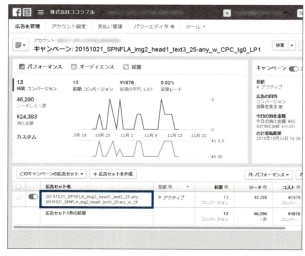

広告セット名をクリックし、キャンペーン構造の最深部であるクリエイティブを表示します。

❸ 広告セット内で広告を作成する

　A/Bテストで最高の成績を残した画像と見出しを組み合わせた広告

が、すでに広告セット内に作成されているはずです。この状態から、広告セット内に広告を増やしていきます。広告名左側にマウスオーバーし、表示されたアイコンをクリックして［同様の広告を作成］をクリックします。

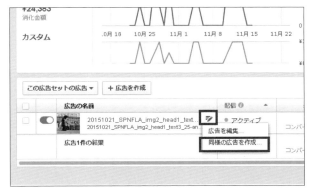

広告名の左側にマウスをあてるとアイコンが表示されます。クリックして［同様の広告を作成］をクリックします。

❹ 広告を追加で作成する

　A/Bテストの結果で得た画像と見出しを使って、さらに広告を作成していきます。コンバージョンを稼いでいた組み合わせであればベターです。手順①からここまでの手順を繰り返し、4つの広告を作成してみましょう。

コンバージョンを獲得した画像と見出しを使って広告を作成します。説明文など他のテキストは、これまで掲載してきたすべての広告と共通のものでOKです。

155

❺ 広告セット内に4つの広告を作成する

手順①から④までを繰り返し、A/Bテストでコンバージョンを稼いだ画像と見出しの組み合わせを優先的に使い、4セットの広告を作成してみましょう。これで、2015年12月現在でもっとも効果的な配信方法である「最適化配信」の仕組みが完成しました。後は広告をすべてアクティブにするだけです。

最適化配信の設定が整った広告セット内に、コンバージョンを獲得したことのある4種類の組み合わせで広告を作成します。A/Bテストの時より高い効果が見込めます。

✓ 最適化配信のポイント

　Facebook広告の集大成ともいえる「最適化配信」ですが、限定的な条件下でのみ配信可能であることがわかります。キャンペーンを作成する段階で「ウェブサイトのコンバージョンを増やす」を選択し、さらに課金タイプを「コンバージョン-推奨」で設定すること。この組み合わせでのみ、コンバージョンに最適化する配信が可能になるのです。

　また、広告セットの形状も非常に大切です。A/Bテストでは、4種類の広告を同一条件で配信するため、広告セット内に1種類の広告しか入れませんでしたが、最適化配信では、1つの広告セット内に4種類の広告を入れて配信しました。これは、Facebookが広告セット内にある広告同士を比較し、優劣をつけ、コンバージョンをはじめとする過去の実績から、コンバージョンに至りやすいユーザーの条件を探すためです。

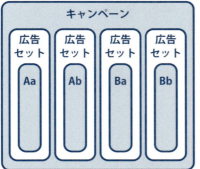
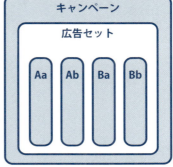

1つの広告セットにコンバージョンを獲得した広告を詰め込み、特定の条件で配信するのが、コンバージョンに最適化する重要なポイントです。

　最初からコンバージョンの最適化配信を実施しても、他の出稿形態と差がないわけですから、最初は「クリック」に最適化し、かつクリックされない限り広告費が発生しないCPCタイプで出稿してA/Bテストを実施するのが得策です。その中で、コンバージョンを獲得できる実力を持った画像と見出しの組み合わせを見つけ、その広告を使って最適化配信を行う。これがFacebook広告でコンバージョンを稼ぐ最強の最適化配信です。

　なお、最適化配信は、次ページ以降で紹介する時間帯指定配信や、カルーセル広告などにも利用できます。Facebook広告のいろいろな機能と組み合わせて大いに活用しましょう。

まとめ

- Facebook広告でコンバージョンに最適化する配信方法の組み合わせを確実にマスターしよう！
- コンバージョンに最適化した広告とその広告セットは、他のいろいろな配信機能と組み合わせて利用できる

Chapter6 02 カルーセル広告を活用しよう

Facebook広告の最適化配信が用意できるようになると、Facebookに用意されている他のさまざまなに用意されている「カルーセル広告」は、広告の画像を左右にスライドして表示できる広告です。

✓ 複数の画像がターゲットの興味を引きつける

　Facebook広告に用意されている「カルーセル広告」は、最大5枚の画像を1つの広告内で表示できるユニークな広告です。1つの広告に複数掲載された画像は、パソコン上ではクリックで、スマートフォン上ではフリックすることで、画像を左右にスライドし、掲載された複数の画像を閲覧することができます。左右に画像が流れる様子を「Carousel(回転木馬の意味)」になぞらえ、カルーセル広告と呼ばれています。

カルーセル広告

✓ カルーセル広告を作成する

❶「複数の画像を使用した広告」を選択する

カルーセル広告の作成は、キャンペーン、広告セットの作成まで、通常

の広告とまったく同じです。異なるのは違いは、画像を1枚だけ使うか、複数枚使うか、という点のみです。150ページから紹介した最適化配信でも利用できます。

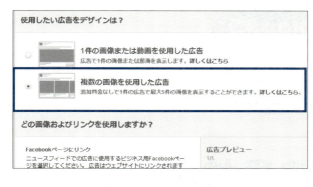

広告の作成時、［複数の画像を使用した広告］を選択します。このメニューを選択して画像を設定すればカルーセル広告が完成します。

❷ 複数の画像をアップロードする

　カルーセル広告に掲載したい画像を、表示する順番ごとにアップロードしていきます。画面の右側に表示されるプレビューで、どのように表示されるかを確認しながらアップロードしていきます。この際に必ず［モバイルニュースフィード］をクリックしてスマートフォンでの表示を確認します。

表示する順番に画像をアップロードしていきます。見出しと説明文は、A/Bテストや最適化配信で使用したものと同じでOKです。設定後は［モバイルニュースフィード］をクリックします。

❸ スマートフォンでの表示を確認する

　カルーセル広告は、スマートフォンでクリック（タップ）されることが圧倒的に多い広告です。そのため、スマートフォンでどのように表示されるかを必ず確認し、狙った効果が得られそうかどうかを確認します。

カルーセル広告がもっとも効果を発揮するのはスマートフォンユーザーに対してです。パソコンとは異なるレイアウトでどのように表示されるかを必ず確認してから配信します。

✓ カルーセル広告を活用するポイント

　カルーセル広告で注意すべきポイントは、「A/Bテストの結果を活かす」ということです。画像が複数になるから、何かストーリーを考えなければと、身構える必要はないのです。

　表現方法が変わることで、ユーザーの反応が変わる可能性はありますが、ニュースフィードを見ているユーザー自体が変わることはありません。

　少しだけ気をつけることは、1枚目はCTRが高い画像を、最後の画像はCVRの高い見出しにすることです。

> **まとめ**
> - A/Bテストで結果を出した優れた画像と見出しをカルーセル広告で活かす
> - スマートフォンでの表示チェックを忘れずに行う

Chapter6 03 動画広告を活用しよう

カルーセル広告と同じく、動画広告も簡単に作成できます。すでにFacebook広告で利用している効果の高い画像を使って「スライドショー」を作成してみましょう。

✓ 動画撮影が不要なFacebook広告の動画広告

カルーセル広告と同様、動画広告も驚くほど簡単に作成できます。動画広告というと、ムービーカメラやスマートフォンで撮影した動画が最低でも必要だと錯覚しがちですが、Facebook広告では、複数の画像を使ったスライドショーによる動画広告を簡単に作成して出稿できます。

Facebook広告の動画広告。

✓ 動画広告を作成する

❶「1件の画像または動画を使用した広告」を選択する

動画広告の作成も、途中までは通常の広告とまったく同じです。異なるのは、画像を選択する代わり動画を選択する点です。動画をあらかじめ用意して作成することももちろん可能ですが、複数の画像が用意でき

ていれば、スライドショーで即座に動画広告が作成できます。

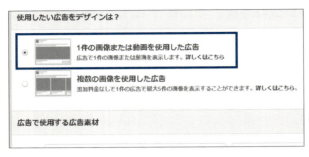

［1件の画像または動画を使用した広告］を選択したら、［動画を選択］をクリックします。

❷「スライドショーを作成」をクリックする

　広告用の動画は、パソコンに保存してある動画をアップロードする以外、Facebookのアカウント内にある動画ファイルも利用できます。ただし、既存の動画を広告用に編集し直すのは手間がかかりますので、ここでは気軽に利用できる［スライドショーを作成］を選択します。

［スライドショーを作成］をクリックします。

❸ 画像を選択する

　Facebookのアカウント内にある画像から、スライドショーに使う画像を選択できます。パソコンに画像を保存している場合は、［画像をアップロード］をクリックしてパソコンから画像を取り込みます。

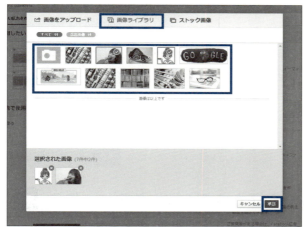

スライドショーに使う画像を選択します。最後に「承認」をクリックします。

❹ 動画の切り替え時間とエフェクトを選択する

3秒、5秒、7秒、10秒、15秒から選択可能です。「トランジション」では、画像の切り替え時のエフェクトに「フェード（徐々に画像が切り替わります）」を選択でき、より動画広告らしく表現できます。

画像の切り替え時間とトランジションの内容を選択し、［承認］をクリックします。動画広告として承認されるまで数十秒ほどかかります。

❺ 動画の表示をチェック

　通常の広告と同様、動画広告もプレビューで表示のチェックが可能です。実際に動画を再生し、狙った効果が表現できているかどうかを確認してみましょう。スマートフォンでの表示も忘れずに確認しましょう。

動画の表示を確認し、見出しや説明文を入力したら、最後に必ずプレビューで表示を確認します。問題なければ［注文の確定］をクリックして作成完了です。

✅ 動画広告活用のポイント

　動画広告もカルーセル広告と同じく、身構える必要はありません。A/Bテストで効果の高かった画像をスライドショーで作成し、配信を行ってみてください。動画はニュースフィードで表示された途端に自動再生されます。そのため最初の2～3秒でユーザーの興味を引く画像、つまりCTRが高かった画像用意しておくと反応が高くなる傾向があります。可能であれば、動画の最後のほうに、「反応が高い見出しを画像にして」差し込んでおくと結果に結びつきやすくなります。

> **まとめ**
> - 動画をあらためて撮影する必要なし。A/Bテストで使った画像をスライドショーで動画広告にできる
> - スライドショーの最後に「反応が高い見出し」を差し込む
> - 動画の再生時間は長すぎないことがポイント

Chapter6 04 時間帯指定配信で特定の時間帯を狙い撃ちしよう

Facebook広告は、広告を表示する時間帯を指定できる機能があります。ターゲットがFacebookにログインしない時間帯、よりコンバージョンが狙える時間帯など、工夫のしがいがある機能です。

「時間帯指定配信」とは

　Facebook広告の時間帯指定配信とは、文字通り「広告を表示する時間帯を指定できる」機能です。この機能によって、コンバージョンを期待できないFacebookユーザーがアクセスする時間帯を避けつつ、よりコンバージョンしやすい時間帯に広告表示を集中させることができます。結果的に、無駄な広告費を削減しつつ、コンバージョンの獲得数アップが期待できる便利な機能です。150ページ以降で紹介した最適化配信と組み合わせることもできます。

　ただし、時間帯指定配信の場合、出稿時の予算設定で「通算予算」を選択することが必須条件となります。

Facebook広告を時間帯指定配信で出稿する

❶「通算予算」で広告を設定する

　時間帯指定配信を利用する場合、必ず必要となるのが通算予算の選択です。デイリー（1日の予算）を選択した場合、時間帯指定配信のメニューそのものが表示されません。通算予算を選択することで、時間帯指定配信のメニューが表示できるようになります。最適化配信と組み合わせる場合は、キャンペーン作成時に「ウェブサイトのコンバージョンを増やす」を選択してあることを確認し、［コンバージョン-推奨］を選択します。時間帯の指定は、［スケジュールを設定して広告を配信］をク

165

リックすると表示されます。

最適化配信を行う場合は、広告の作成時に［通算予算］を設定し、［ウェブサイトのコンバージョンを増やす］を選択します。選択後に［広告スケジュール］にある［その他のオプション］をクリックすると時間帯指定のメニュー画面が表示されます。

❷ 広告を表示する時間帯を選択する

　広告スケジュールの設定画面では、広告を表示する時間帯を1時間単位で指定できます。マウスのクリック、もしくはクリック＆ドラッグで、広告を配信したい時間帯を選択します。後は通常の広告の作成方法と同じです。

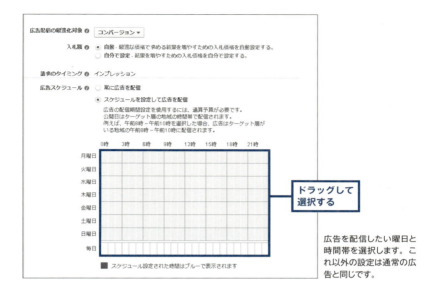

広告を配信したい曜日と時間帯を選択します。これ以外の設定は通常の広告と同じです。

✅ 時間帯指定配信を活用するポイント

　特定の時間で高い広告効果が見込める場合、その反対に、特定の時間帯での広告配信は無駄になるという場合、時間帯配信をお勧めしています。気をつけるべきポイントは、1日ごとの予算上限を設定できない点です。1日だけ予算をアップさせるなど、配信ボリュームのコントロールができないため、うまく使い分けていくと良いと思います。

　また、Facebookは夜にアクセスが多いサービスですので、夜のみ広告を配信するという方法も効果的な手段であると考えられます。

> **まとめ**
> - 時間帯指定配信は「通算予算」のみ。予算コントロールに注意
> - ターゲットが確実にFacebookへログインする時間がわかっている場合に有効

Chapter6 05 サイト訪問済みのユーザーのFacebookに広告を表示させよう

検索エンジンで探していた商品やサービスが、いつの間にかポータルサイトやSNSなどの画面で広告として表示されることがあります。これは「リマーケティング広告」と呼ばれ、Facebook広告でも利用できます。

✓ 訪問履歴のあるユーザーに広告を表示する「リマーケティング広告」

　自社の商品やサービスを紹介しているウェブサイトを訪問したユーザーが、Facebookのユーザーであった場合、自社サイトを離脱した後でもFacebookのニュースフィード上に自社の広告を表示することができます。これがFacebookの「リマーケティング広告」です。

　検索エンジンなどで情報を探した結果、あなたのウェブサイトにたどり着いたターゲットは、欲求を満たす商品やサービスがあなたのサイトにあることを確認しています。このようなターゲットに対してFacebook上で広告を表示できれば、コンバージョン数の飛躍的なアップが期待できます。その反対に、自社のサイトを訪問したユーザーにはFacebook広告を表示しない、といった活用法も可能です。

　なお、リマーケティング広告には、コンバージョンピクセルを作成して自社のサイトのHTML内に貼付する作業が必要となります。

✓ リマーケティング広告を作成する

❶ ［ツール］→［ピクセル］の順にクリックする

　リマーケティング広告を配信するためには、自社のサイトにピクセルコードを埋め込む必要があります。ピクセルコードを埋め込むことによって、訪問ユーザーを「マーク数」としてカウントすることが可能になるためです。

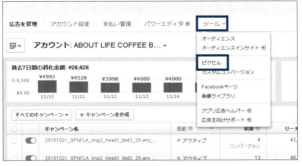

広告マネージャの画面にある[ツール]をクリックし、表示されたメニューから[ピクセル]をクリックします。

❷ [オーディエンスを作成]をクリックする

Facebook広告で利用するピクセルコードの管理画面が表示されます。この画面で[オーディエンスを作成]をクリックし、リマーケティング広告用のピクセルコードを作成します。

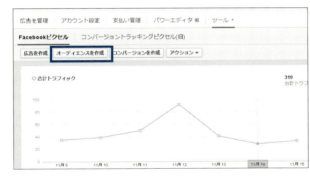

Facebookピクセルの管理画面が表示されます。[オーディエンスを作成]をクリックします。

❸ 必要事項を入力する

広告を表示するターゲットを選択します。自社サイトへアクセスしたすべての訪問者へ広告を表示する場合は「ウェブサイトにアクセスするすべての人」を選択します。トラフィックの有効期間は180日まで入力可能です。

必要事項を入力し、[オーディエンスを作成]をクリックします。[オーディエンス名]の欄にはターゲット層に任意の名称を入力しておくと、広告作成時のオーディエンス設定時に迷わなくなり便利です。

❹ 作成したピクセルコードを表示する

　作成が完了したピクセルコードは、あらためてFacebookピクセルのページから表示します。表示されたピクセルコードは、イベントコードを入力してサイトのHTML内に貼付しますが、イベントコードの挿入位置と、HTML内に貼付する場所は、110ページで紹介したコンバージョンピクセルとまったく同じですので参考にしてください。

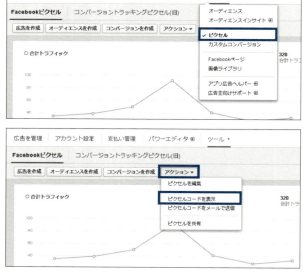

オーディエンスを作成したら、広告マネージャの画面上から[ツール]→[ピクセル]→[アクション]の順にクリックし、表示されたメニューから[ピクセルを表示]をクリックします。表示したピクセルコードには、下部に表示された[イベントコード]を、任意で1つ選び、ピクセルコード内に書き込みます。書き込む場所と、HTML内で貼付する場所は、110ページのコンバージョンピクセルと同じです。

✅ リマーケティング広告でターゲティングする

ピクセルコードを使って自社サイトを訪問したユーザーに広告を表示するには、広告作成時に行う「オーディエンスの設定」で、「カスタムオーディエンスの設定」を選択します。作成時に入力した「オーディエンス名」が表示されるので、これをクリックして選択すればOKです。

オーディエンスの設定時に、カスタムオーディエンスの枠内をクリックすると、作成したピクセルコードの名称が表示されます。クリックして選択すれば、以後、自社サイトにアクセスしてきたユーザーに対し、Facebook上で広告が表示されるようになります。

✅ リマーケティング広告のポイント

リマーケティングを行う上でのポイントは、自社サイトへ訪問した「ターゲティングを行うユーザーの数」です。一般的に「マーク数」と呼ばれています。マーク数が少なすぎれば配信数が伸びず、配信単価が上がってしまうため、効果を得にくくなります。

一例を挙げると、申し込みフォームのページまで到達しながら離脱しているユーザーをリマーケティングすることは非常に効果が高いですが、マーク数はウェブサイトにアクセスしたユーザーよりも少なくなるため、配信単価は上がりやすく、配信数も伸びづらいです。配信の状況と効果を見極めながら、リマーケティングを活用しましょう。

> **まとめ**
> - リマーケティング広告に必要なのは自サイトの集客力
> - ピクセルコードを設置するページは工夫のしがいがある
> - 申し込みフォームの離脱率が高ければ、ページの見直し後、リマーケティング広告を仕掛けると効果的

Chapter6 06 カスタムオーディエンスで顧客リストを広告に活用しよう

自社の顧客リストがある場合、積極的にFacebook広告を配信していきましょう。顧客リストのメールアドレスを利用し、既存客だけに広告を表示・非表示にする方法を紹介していきます。

メールリストに対してFacebook広告を表示できる「カスタムオーディエンス」

　前節では、自社サイトを訪問したターゲットに対して広告を表示（非表示）する方法を紹介しましたが、自社の財産でもある顧客の「メールリスト」や「電話番号」などのほかに、アプリユーザー（FacebookユーザーのIDを入力）やモバイル広告ID（広告IDを入力）も選択肢として表示されます。

　これがFacebook広告の「カスタムオーディエンス」です。

メールリストを使ってカスタムオーディエンスを作成する

❶［カスタムオーディエンス］をクリックする

　すでに168ページで紹介したリマーケティング広告は、厳密にはカスタムオーディエンスの一形態です。ここでは、メールリストを使ったターゲティングの方法を紹介していきます。

広告マネージャの画面から、［ツール］→［オーディエンス］→［オーディエンスの作成］の順にクリックし、表示されたメニューから［カスタムオーディエンス］をクリックします。

❷ メールリストを入力する

　Facebook広告のカスタムオーディエンスを作成する場合、メールリストや電話番号をテキストファイルなどで用意しておくと、ファイルごとアップロードできて便利ですが、リスト数が数十、数百程度であれば、コピー&ペーストで視認しながら作業を行っても良いでしょう。

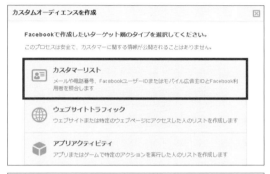

［カスタマーリスト］をクリックして選択すると、リストを読み込ませる方法を3種類の中から選択できます。ここでは［カスタムリストのコピー］を選択し、コピー&ペーストで入力します。

❸ リストを入力する

　メールリストを入力する場合、カンマで区切って入力するか、画像の例のように1行に1件のメールアドレスを入力していきます。メールリストをアップロードする場合、最低でも20件以上のリストが必要となります。

入力するデータの種類を選択します。ここでは［メール］を選択し、リストとして保有しているメールアドレスを入力していきます。「メールリスト」や「電話番号」以外に、アプリユーザー（FacebookユーザーのIDを入力）やモバイル広告ID（広告IDを入力）も選択肢として表示されます。最後に［オーディエンスを作成］をクリックします。

❹ カスタムオーディエンスの名称を入力しておく

　カスタムオーディエンスの名称は、任意でわかりやすいものを入力しておくと、広告セットの設定時に迷わず選択できて便利ですので、広告の種類を連想できるような、覚えやすい名称を入力しておきます。

最後に、カスタムオーディエンスに任意の名称を入力し、［次へ］をクリックします。画面が切り替わり、そのままカスタムオーディエンスを使って広告を作成することも可能です。

✅ カスタムオーディエンスを使って広告を作成する

❶ 設定時にカスタムオーディエンスを選択する

　作成したカスタムオーディエンスを使って広告を出稿する際には、リマーケティング広告と同じく、広告作成時に行うオーディエンスの設定で、「カスタムオーディエンスの設定」を選択して行います。作成時に入力した「カスタムオーディエンス名」が表示されるので、これをクリックして選択すればOKです。

「オーディエンスの設定」時に、カスタムオーディエンスの枠内をクリックすると、作成したカスタムオーディエンスの名称が表示されます。クリックして選択すれば、以後、入力したメールアドレスや電話番号が入力されているFacebookアカウントに対して広告が表示されるようになります。

❷ カスタムオーディエンスは除外することも可能

　デフォルト時に「次を含める」となっているメニューをクリックすると「次を除外する」というメニューが表示されます。クリックして選択すれば、カスタムオーディエンスのリストに該当するターゲットを広告表示の相手から除外することができます。

［次を含める］をクリックし、［次を除外する］を選択すれば、カスタムオーディエンスに該当するターゲットに対して広告を非表示にすることができます。

✓ カスタムオーディエンスを活用するポイント

　カスタムオーディエンスは、既存顧客をターゲティングに利用できることが最大のメリットになります。既存顧客に対して、どのようなコミュニケーションをとり、リピートをしていくか、CRM（Customer Relationship Management）と同じ考え方で顧客とコミュニケーションを高め、リピートを増やすことができます。

　また、既存顧客のターゲティングを除外して設定することができるため、新規顧客獲得を目的とした広告を配信する際に、本来は広告を表示する必要がない既存顧客を除くことができるのでぜひ活用してみてください。

> **まとめ**
> - 顧客リストを使ってリピート率を高めるのに効果的
> - カスタムオーディエンスに配信するだけでなく、「除外する」設定で新規顧客獲得にも活用できる

Chapter6 07 類似オーディエンスを活用してリーチを広げよう

カスタムオーディエンスを作成してコンバージョンを獲得できたら、さらなるターゲットへとリーチを広げるために「類似オーディエンス」を作成してみましょう。すべてのFacebookユーザーから潜在顧客を抽出できます。

✓ 類似オーディエンスとは？

　類似オーディエンスとは、自社の顧客によく似た傾向を持ち、自社の商品やサービスに関心を示す可能性が高いFacebookユーザーを探し出し、そのFacebookユーザーたちに広告を表示するための機能です。

　Facebookは、カスタムオーディエンスやコンバージョンピクセルを使って収集したユーザーデータを元に、彼らがどのような情報に興味や関心を持つのか、共通項を分析しています。カスタムオーディエンスを元に類似オーディエンスを作成すると、カスタムオーディエンスでリーチできるターゲットの傾向を分析し、類似の傾向を持ったFacebookユーザーを割り出して、積極的に広告を表示してくれるのです。顧客になる可能性が高いユーザーを、Facebookのデータベースから抽出して、そのユーザーたちに広告を配信できるということです。

✓ 類似オーディエンスを作成する

　類似オーディエンスを作成する場合、元となるオーディエンスの設定がオーディエンスのリストが必要となります。類似オーディエンスの元として使用できるのは、「カスタムオーディエンス」「Facebookページのリスト」「コンバージョンピクセルで計測したユーザーのリスト」の3種類です。ただし、元となるリストやカスタムオーディエンスで、広告を配信する先が100人未満の場合、類似オーディエンスを作成することができません。

なお、類似オーディエンスはコンバージョンの獲得以外に、ファンの獲得、ウェブサイトへの登録、クーポンの利用、ブランド認知の促進などにも役立ちます。

✓ 類似オーディエンスを作成する

❶ ［ツール］→［オーディエンス］をクリックする

類似オーディエンスの作成は、すでに紹介したカスタムオーディエンスと途中まで手順が同じです。広告マネージャの［ツール］をクリックし、［オーディエンス］をクリックします。

広告マネージャを開いた状態で、［ツール］→［オーディエンス］の順位クリックします。

❷ ［類似オーディエンス］を選択してクリックする

オーディエンスのページが表示されたら、［オーディエンスの作成］をクリックし、表示されたメニューの中から［類似オーディエンス］をクリックします。

［オーディエンスの作成］→［類似オーディエンス］の順にクリックします。

❸ ［ソース］を選択する

［ソース］とは、類似オーディエンスのベースとなるオーディエンスの設定を意味しています。このソースのテキストボックスをクリックすると、ベースとなるオーディエンス設定の選択肢がメニューとして表示されます。これまでに作成したオーディエンスの設定がすべて表示されるほか、コンバージョンピクセルがカウントした購入者のデータや、Facebookページのファンのデータなども利用できます。ここでは［カスタムオーディエンス］を選択します。

テキストボックスをクリックし、表示されたメニューの中から、［カスタムオーディエンス］を選択してクリックします。

❹ ［日本］を選択する

広告を配信する地域を選択します。「国」と表示されたテキストボックス内をクリックすると、国名が一覧表示されますので、この中から［日本］を選択してクリックします。

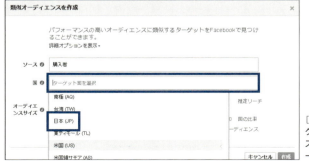

［日本］を選択してクリックします。テキストボックスをクリックすればメニューが表示されます。

❺ オーディエンスサイズを設定する

　オーディエンスサイズとは、元となったカスタムオーディエンスのターゲット層とどのくらいの類似性を確保するかという目安です。スライダーのメモリが1に近いほど強い類似性のあるターゲット層へと配信が絞り込まれ、配信される広告の数も少なくなります。反対に、スライダーのメモリが10に近づくほど類似性は緩やかになり、配信される広告の数も増えることになります。

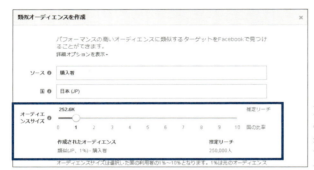

スライダーのメモリをクリックしてドラッグし、類似性のレベルを調節します。最後に［作成］をクリックして類似オーディエンスの作成が完了します。

❻ 作成した類似オーディエンスを確認する

　完成した類似オーディエンスは、他のオーディエンスの設定と一緒に「オーディエンス」の画面に一覧表示されます。広告の作成時には、この画面に表示されたオーディエンスの設定をすべて利用することができます。

これまで作成したオーディエンスの設定が一覧で表示されます。これらの設定は、広告作成時に、カスタムオーディエンスリストと一緒に表示されます。

❼ 広告作成時にいつでも利用できる

　作成した類似オーディエンスは、広告セットでオーディエンスを設定する際、「カスタムオーディエンス」のテキストボックスをクリックすることで表示されます。削除設定ができる点も、カスタムオーディエンスとまったく同じです。

作成した類似オーディエンスは、広告セットでオーディエンスを設定する際にいつでも利用できます。

✅ 類似オーディエンスを活用するポイント

　類似オーディエンスの特徴は、ユーザーのデータとそのユーザーのFacebookでのデータを元に、似ているユーザーを抽出して広告配信できるという点です。これは、Facebook最大の特徴である年齢や性別に頼らず、Facebook上に登録しているデータや行動より顧客になるうるユーザーを元にしたターゲティングできるわけで、使い方次第で非常に有効な手段として注目されています。

　ポイントはユーザーデータにあります。全既存顧客の類似を出すこともできますが、既存顧客を分類し、優良顧客と通常顧客、購入回数1回とリピートしたことがあるユーザーなど、ユーザーデータを分類することで、さらに精度の高い類似ユーザーの抽出が可能になります。

　ただし、分類を細かくしすぎると、母数が減るため精度も落ちるので気をつける必要があります。

✓ 除外設定を利用した類似オーディエンスの効果測定が有効

　類似オーディエンスは、除外設定を使った効果測定が非常に有効です。まず、オーディエンスの類似度を調べるために、類似度1%と2%の類似オーディエンスを作成します。
2%で作成した類似オーディエンスで広告配信し、1%で作成した類似オーディエンスを除外設定に利用するのです。こうすることで、類似度1%以上2%以下のオーディエンスへ広告を配信しつつ、類似度1%までの類似オーディエンスへの広告配信をストップすることができます。
　なお、類似オーディエンスの類似度は、6%以下に設定することをお勧めします。はじめて活用する場合、3〜6%で展開してみるのがいいでしょう。

まとめ

- 類似オーディエンスはすでにあるオーディエンスの設定リストを元に作成する
- 除外設定と類似度の組み合わせで広範かつ有望なターゲット層に広告を配信できる

Chapter6 08 リーチフリークエンシーコントロールを活用しよう

広告の画像や見出し、ターゲティングの精度が高まってきたら、より多くのターゲットに効率よく広告を配信すべきです。この施策は「リーチフリークエンシーコントロール」で可能になります。

✓ リーチフリークエンシーコントロールとは？

「リーチフリークエンシー」とは、ターゲットに対して広告が表示される回数を指定できる機能です。広告作成時に選択する「デイリーユニークリーチ」と似ていますが、リーチフリークエンシーコントロールでは、複数回の広告表示を設定できるほか、スマートフォンやパソコンなど、端末ごとにリーチの回数を設定できます。

なお、リーチフリークエンシーコントロールは、ここまで説明してきたFacebook広告とは異なり、あらかじめ広告の金額が決定してしまう「事前予約のメニュー」となります。このため、配信の途中で配信を止めることはできず、広告費も返還されません（広告の停止や追加などは随時行えます）ので注意が必要です。

✓ パワーエディタをダウンロードする

リーチフリークエンシーコントロールを利用して広告を出稿するには、「パワーエディタ」を使用します。パワーエディタは、大量の広告を出稿し、配信管理するツールです。便利な機能が数多く利用できたため、Facebook広告の活用に必須のツールとされてきました。しかし、現在ではほとんどの機能がパワーエディタを介さずに利用できるため、個人で少量の広告を配信するだけの場合は利用する機会がありません。リーチフリークエンシーコントロールは、パワーエディタのみで利用可能な数少ない機能の1つです。

❶［パワーエディタ］をクリックする

広告マネージャの画面から［パワーエディタ］をクリックし、ダウンロードを行います。パワーエディタは、広告マネージャの情報をすべてダウンロードしてから利用することになります。

［パワーエディタ］をクリックして広告マネージャのデータをパワーエディタとしてダウンロードします。

❷ パワーエディタをダウンロードする

ポップアップでメニューが表示されるので、アカウントの広告マネージャをそのままダウンロードします。これで、広告マネージャからパワーエディタがすぐに利用できるようになります。

表示されたメニューにある［ダウンロード］をクリックします。ダウンロードが完了すると、画面が切り替わり、パワーエディタが使用可能になります。

✅ リーチフリークエンシーコントロールを設定する

リーチフリークエンシーコントロールの設定は、新規のキャンペーンを作成する必要があります。また、パワーエディタを通じて設定する必要があります（2015年12月1日現在）。

❶ キャンペーンを新規作成する

まず、パワーエディタの画面で［キャンペーンを作成］をクリックし、広告の作成手順に入ります。表示されたメニューで、キャンペーンの［新規作成］をクリックし、購入タイプの［オークション］をクリックします。

［キャンペーンを作成］をクリックし、表示されたメニューから［新規作成］をクリックします。さらに［購入タイプ］をクリックして［リーチフリークエンシー］を表示して選択します。広告セットは新たに作成する必要があるため、［広告セットの選択］のチェックを外し、［作成］をクリックして次に進みます。

185

❷ キャンペーン名をクリックする

作成したキャンペーン名の「リーチフリークエンシー」をクリックします。これで広告セットの作成がスタートします。

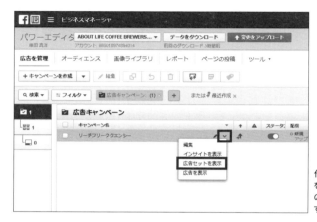

作成したキャンペーン名をクリックして広告セットの作成画面を表示します。

❸ 広告セットの設定を行う

　作成したリーチフリークエンシーコントロール用の広告セットの設定を行います。［フリークエンシー］の欄にある、広告の配信期間とユーザー1人あたりに対する表示回数を設定することで、広告の配信期間とユーザー1人あたりに対する表示回数を設定可能で、それ以外の広告セットの設定も必要に応じて入力していきます。リーチ数は右側のグラフをクリックして設定します。注意したいのは予算です。必ず、画面右側のグラフで、予算に収まる範囲のリーチ数を設定しましょう。決定後、広告を配信したら中止することができないので注意が必要です。

リーチフリークエンシーコントロールを活用しよう

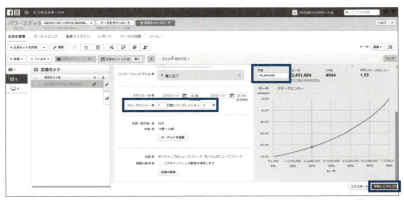

リーチフリークエンシーコントロールの設定は、広告の配信期間と、ユーザー1人あたりの表示回数です。これ以外の設定は通常の広告とほぼ同じですが、予算の設定のみ、高額になりがちなので注意が必要です。最後に［予約してアップロード］をクリックすれば、設定が広告マネージャへとアップロードされます。

✓ リーチフリークエンシーコントロールを活用するポイント

　リーチアンドフリークエンシーを行う上で気をつけるポイントは、「いかにCPMを低く抑えるか」がポイントです。実際に配信しているCPMを見た上で、なるべく安いCPMの時期を探して予約をしましょう。

　年度末（3月、9月、12月末など）には広告主の配信数が増え、配信単価が上がりやすい時期があります。この時期に少しでも安く露出するために、早めにリーチアンドフリークエンシーを購入しておくことをお勧めします。

　最適化配信やCPC配信では、設定したターゲットに対して、意図的にリーチを伸ばすことができないため、良質のクリエイティブをより多くの人に届けるために、フリークエンシーを減らし、リーチ数を伸ばすことをお勧めしています。

まとめ

- ずば抜けて効果の高い画像と見出しの組み合わせがあれば、リーチフリークエンシーコントロールが有効
- 配信単価が高騰する時期ほど、早目に購入して配信単価を抑える

187

COLUMN　Facebook広告の広告主にとって有利なInstagram広告

　2015年10月より、Instagram広告が正式にリリースされました。それまでは、Instagramの審査を通った一部の広告主のみでテスト配信をされていましたが、Facebook広告と同様、広告サービスとして全世界で解禁となりました。

　Instagramは2012年にFacebookが買収した画像に特化したSNSで、2015年12月現在、FacebookとInstagramのアカウントは完全に関連付けがされています。そのため、広告配信に関しても、Facebook広告と同じシステムで提供されているのです。

　Facebook広告とInstagram広告の違いは、画像サイズとテキストの原稿仕様が違うだけで、ターゲットや配信方法などはFacebook広告と同じです。Facebook広告で効果の高い広告は、Instagramでも高い効果を発揮しています。

　Instagramへ広告を配信する方法ですが、Instagramのアカウントを取得してからFacebook広告を作成するだけで、簡単に広告を出稿することが可能になります。ただし、2015年12月時点では、キャンペーン作成時に「Facebookページを宣伝」「ウェブサイトへのアクセスを増やす」「ウェブサイトでのコンバージョンを増やす」「アプリのインストール数を増やす」「動画の再生数を増やす」の目的のみ、Instagramへの広告出稿が可能となります。

Instagramへの広告配信は、Facebook広告の広告主にとって非常に簡単です。広告を作成するだけで、Instagramへの広告表示がプレビューされ、そのまま作成すれば自動的にInstagramのユーザーにも広告が配信されます。

INDEX 索引

数字・アルファベット

1日の推定リーチ	56
A/Bテスト	28,94,103,128
CPA	121,131,133,134,135
CPC（Cost Per Crick）	53,120,130
CPC（リンク）	120
CPM（Cost Per Mille）	53,120
CPM（インプレッション単価）	120
CTR	121,131,137
CTR（リンク）	120
CVR	121,131,136
Facebookアカウント	20
Facebookページ	21,61
Facebook広告	10
Instagram広告	188

あ～か行

アクティブ/非アクティブ	46,62
イベントコード	112
インプレッション	54,79,121
インプレッション数	120
ウェブサイトでのコンバージョンを増やす	26,42
ウェブサイトへのアクセスを増やす	26,43,88
エクスポート	143
オーディエンス	48
カスタムオーディエンス	172
画像	35,40,58,59,98,133,158
カルーセル広告	158
関連度スコア	67,79,120
今日の消化金額	120
禁止事項	16
キャンペーン	70,102,151,185
クリエイティブ	66,73,94,102
クリックに最適化	54,88
グリッドツール	17
掲載期間	52
好意的な意見	120
効果測定	14,102,128,182
「広告」	73,83
広告エリア	11,38
広告セット	72
広告の種類	25
広告マネージャ	46,74,110,116,133
広告を管理	47,74
購入	120
購入の平均コスト	120
顧客リスト	172
個人情報	13,51
コンバージョントラッキング	96,110
コンバージョンに最適化	89,150
コンバージョンピクセル	120

さ～な行

最適化配信	14,88,150
サンクスページ	110
参照	49
時間帯指定配信	165
実績	90
支払い方法	23,46
指標	96,116,121,130,133
消化金額	120
スマートフォン	12,38,41,160
説明文	39,100
ターゲット	13,48,128
ターゲティング	13,67,84,139,171
タイムライン	11,22
単価	52,80
地域	86
デイリーユニークリーチ	54
動画広告	161
ニュースフィード	11,22,38,58
入札	52
年齢と性別	13,34,67,85

は～な行

パワーエディタ	183
ピクセルコード	110
否定的な意見	120
非表示	64
フリークエンシー	120
見出し	35,91,95,100,133
予算設定	52,129,165
ランディングページ	23,31
リーチフリークエンシーコントロール	183
リスティング広告	29
リマーケティング広告	168
リンクのクリック	120
類似オーディエンス	177
レポート	123,143

おわりに

我々は広告代理店(広告を売る人)ではない。
我々はクライアントの商品を売る人である。

　これは、Facebook広告専門の広告代理業を展開している、我々が大切にしている指針のひとつです。この指針に基づいてFacebook広告に取り組み、4年間試行錯誤する中で、本気で売ることを突き詰めて体得してきたノウハウを、本書でまとめてお伝えさせていただきました。

　お伝えしてきた一部の手法は、Facebook社が推奨する手法と異なる部分もありますが、販売する側の立場として、現時点ではベストの考え方であり、広告を活用するための最良の手法であると考えています。

　現時点という表現を用いたのは、Facebook広告の配信ロジックやプロダクトは、ものすごいスピードで変化し続けているからです。

　これまでも、一夜にして配信ロジックが変わり、効果が一気に悪化するというような経験もありました。これからも、Facebook広告はさらなる進化を遂げていくと思いますが、本書では、Facebook広告が変化しても影響しない、本質的な部分を中心に、押さえておきたい方法、考え方をまとめました。

　商品が売れないのには、必ず何か理由があると考えています。広告が原因の場合もありますが、それ以外の場合もあります。もちろん、Facebookという媒体と合わないというケースも考えられるでしょう。しかし、本当に大切なことは、基本を押さえつつ、変化する状況や問題の本質と向き合い、売るための施策を続けることでその壁を乗り越えることだと思います。

　本書で紹介したFacebook広告ならではの特徴と攻略すべきポイント

を押さえ、状況の変化にも対応しながら、皆様のマーケティング活動に少しでもお役にたてれば幸いです。

　最後になりますが、本書を出版するにあたり、たくさんの方々のお力添えをいただきました。すべてのきっかけとなった、Markezineの連載をさせていただいた安成さん。
　そして、マーケジンアカデミーで講座を企画いただきました雨宮さん。本書を出版へと導いてくださった諸橋さん。編集にてトコトン向き合ってくださった串田さん。本当に感謝という言葉しかございません。ありがとうございます。

　社会人になって初めて会食をさせていただいた竹盛さんとのご縁がすべてのはじまりです。

　ココラブルに注目し、Facebook広告事業を一緒に大きくしてくれた元Facebook小松さん。経営者の先輩であり、長い付き合いをさせていただいている、エウレカ赤坂さん、西川さん。この事業の立ち上げ期から一緒に切磋琢磨し、事業の価値を高めてきてくれた、長谷川、末永、佐藤をはじめとしたココラブル全社員。私の最初の上司であり、経営のパートナーでもあるココラブル代表、森。本を出版するにあたり大きくサポートをいただきましたRIDEの国府田さんと皆さん。弊社のクライアント、パートナー、サポートいただいている皆様、大切な友達のみんな。そして、いつも温かく支えてくれている、両親、妻、子供たち、家族。

　みなさんのおかげで、このような本を出すことができました。この場をお借りして感謝の気持ちをお伝えさせていただきます。

2015年12月吉日
岡弘 和人

岡弘 和人（オカヒロ カズト）
1981年生まれ。東京都出身。
2004年国際基督教大学教養学部を卒業。大学卒業後、株式会社アイ・エム・ジェイ入社、広告代理事業立ち上げに携わり、リスティング広告の営業、コンサルに従事。その後、2006年株式会社IMJモバイルへ転籍、モバイルアフィリエイト事業の責任者を経て、2011年、株式会社ココラブル取締役に就任。日本初のFacebook広告専門事業を立ち上げ、現在に至る。2014年、翔泳社が運営するマーケター向け専門メディア「MarkeZine」にて「売上直結！ダイレクトレスポンス視点のFacebook広告活用術」を連載し、記事ランキング1位を獲得。同メディアが主催するセミナー「マーケジンアカデミー」の講師としても活躍中。国際的なデジタルマーケティングのカンファレンス「アドテック福岡2014」では、公式スピーカーとして講演も行っている。

株式会社ココラブル
http://www.cocolable.co.jp

デザイン・DTP・編集：有限会社ケイズプロダクション

Facebook広告 運用ガイド
ダイレクトマーケティングに生かす売上直結の活用術

2015年12月17日　初版第1刷発行
2016年12月 5日　初版第2刷発行

著者	岡弘 和人
発行人	佐々木 幹夫
発行所	株式会社 翔泳社（http://www.shoeisha.co.jp）
印刷・製本	日経印刷株式会社

©2015 Kazuto Okahiro

＊本書は著作権法上の保護を受けています。本書の一部または全部について（ソフトウェアおよびプログラムを含む）、株式会社 翔泳社から文書による許諾を得ずに、いかなる方法においても無断で複写、複製することは禁じられています。

＊本書へのお問い合わせについては、2ページに記載の内容をお読み下さい。

＊落丁・乱丁はお取り替えいたします。03-5362-3705までご連絡ください。

ISBN 978-4-7981-4260-9 Printed in Japan